HEGEL-STUDIEN BEIHEFT 29

HEGEL-STUDIEN

In Verbindung mit der Hegel-Kommission der Rheinisch-
Westfälischen Akademie der Wissenschaften

herausgegeben von
Friedhelm Nicolin und Otto Pöggeler

Beiheft 29

FELIX MEINER VERLAG
HAMBURG

BANQUOS GEIST

HEGELS THEORIE DER STRAFE

von
Igor Primoratz

FELIX MEINER VERLAG
HAMBURG

Inhaltlich unveränderter Print-on-Demand-Nachdruck der ersten Auflage von 1986, erschienen im Verlag H. Bouvier und Co., Bonn.

Bibliographische Information der Deutschen Nationalbibliothek

Die Deutsche Nationalbibliothek verzeichnet diese Publikation in der Deutschen Nationalbibliographie; detaillierte bibliographische Daten sind im Internet über ‹http://portal.dnb.de› abrufbar.
ISBN 978-3-7873-2914-4
ISBN eBook: 978-3-7873-2924-3
ISSN 0440-5927

INHALTSVERZEICHNIS

VORWORT

Ganz herzlich danken möchte ich Herrn Professor Dr. Otto Pöggeler für seinen ermunternden Rat und seine tatkräftige Unterstützung bei der Abfassung der vorliegenden Arbeit.

Ebenfalls zu Dank verpflichtet bin ich Frau Dr. Dafna Mach von der Hebräischen Universität, die mir bei der Erstellung des deutschen Textes wesentlich geholfen hat, sowie Herrn Dr. Hans-Christian Lucas vom Hegel-Archiv, der das Manuskript durchgesehen und Korrektur gelesen hat.

Dank sei auch dem Forschungsausschuß der Geisteswissenschaftlichen Fakultät an der Hebräischen Universität für eine Beihilfe zur Fertigstellung der Arbeit.

Das sechste Kapitel ist ursprünglich in den Hegel-Studien, Bd. 15 (1980) erschienen.

Jerusalem, Mai 1985   I. P.

VERZEICHNIS DER ABKÜRZUNGEN

Anm   Anmerkung

Enz.   *G. W. F. Hegel: Enzyklopädie der philosophischen Wissenschaften im Grundrisse.* Hrsg. v. F. Nicolin und O. Pöggeler. Hamburg 1959

PR   —: *Philosophie des Rechts.* Die Vorlesung von 1819/20 in einer Nachschrift. Hrsg. v. D. Henrich. Frankfurt a. M. 1983.

Prop.   —: *Philosophische Propädeutik.* SW Bd 3.

Rph.   —: *Grundlinien der Philosophie des Rechts.* Hrsg. v. G. Lasson. Leipzig 1911.

SPR   —: *Schriften zur Politik und Rechtsphilosophie.* Hrsg. v. G. Lasson. Leipzig 1913

SW   —: *Sämtliche Werke.* 4. Aufl. d. Jubiläumsausgabe. Hrsg. v. H. Glockner. Stuttgart 1961.

VNSW   —: *Vorlesungen über Naturrecht und Staatswissenschaft.* Hrsg. v. C. Becker et al. Einl. v. O. Pöggeler. Hamburg 1983.

VRP   —: *Vorlesungen über Rechtsphilosophie 1818—1831.* Hrsg. v. K.-H. Ilting. 4 Bde. Stuttgart 1973—1974.

Z   Zusatz

I. EINFÜHRUNG

Wie ist die gesetzliche Strafe zu rechtfertigen? Die Fragestellung als solche hat keine Rechtfertigung nötig, weder auf der Ebene einzelner Fälle noch in Bezug auf die Institution der Strafe überhaupt. Denn Strafe besteht *per definitionem* darin, daß ein Mensch einem anderen bewußt Schmerz, Leiden, Entbehrung, Böses zufügt, und das gehört zweifellos zu den Dingen, die Menschen einander nicht antun sollten. Oder zumindest *prima facie* sollten sie das nicht — es sei denn, sie haben einen guten Grund, eine hinreichende Rechtfertigung dafür.

Die meisten Menschen sowie die meisten Philosophen dürften wohl zugeben, daß eine solche Rechtfertigung gelegentlich vorliegt. Auf die Frage, worin diese Rechtfertigung genau besteht, haben Philosophen die verschiedensten Antworten angeboten. Bei genauerem Hinsehen stellt sich jedoch heraus, daß sich die meisten dieser Antworten einer der beiden Grundhaltungen gegenüber dem Problem zuordnen lassen: dem Prinzip der Vergeltung oder dem der Nützlichkeit. Das heißt, die Rechtfertigung für die Strafe wird entweder in dem begangenen Verbrechen gesehen: *punitur quia peccatum est*, oder in den positiven Folgen seiner Bestrafung: *punitur ut ne peccetur*.

Diese zweite, utilitaristische Auffassung der Strafe war nun lange Zeit die vorherrschende. In unserem Jahrhundert ist sie häufig als diejenige dargestellt worden, zu der es keine intellektuell und moralisch anerkennbare Alternative geben könne, wohingegen das Gegenstück, die Vergeltungstheorie, gern als dogmatisch oder geradezu irrational abgeschrieben und auf einen bloßen Ausdruck von unziemlicher Rachsucht reduziert wurde. Philosophen neigten dazu, das harte Urteil zu wiederholen, das PLATON gleich zu Anfang der Diskussion fällt: „Züchtigt doch niemand einen Missetäter in Gedanken daran und aus dem Grunde, weil er gefehlt hat, — er müßte denn wie ein Tier unvernünftig Rache nehmen! — nein, wer vernünftig zu strafen sucht, nimmt nicht Rache für ein Vergehen, das der Vergangenheit gehört — was geschehen ist, ließe sich ja doch nicht ungeschehen machen! —, sondern straft der Zukunft wegen: weder der Bestrafte, noch ein anderer, der seine Bestrafung sieht, soll sich künftig vergehen."[1]

Verständlicherweise richtete sich das Hauptgewicht der in diesem Sinne entwickelten Kritik gegen die Lehren der beiden klassischen Vertreter der Vergeltungstradition, KANT und Hegel. Daß letzterer vielleicht mehr davon abbekommen hat, als ihm eigentlich zustand, rührt zum Teil wohl von den

---

[1] Prot. 324a. In: *Platon: Protagoras/Theaitetos.* Übertr. v. K. Preisedanz. Jena 1910. 29.

Eigentümlichkeiten seiner Terminologie her und von der komplizierten Art
und Weise, wie er seine Argumentation jeweils entfaltet, zum Teil ist es wohl
die Folge einiger recht weitverbreiteter und tief verwurzelter Mißverständ-
nisse, was die Natur seiner Staats- und Rechtsphilosophie betrifft. Zwei
Beispiele sollen zur Illustration der Extreme, zu denen sich die Kritik bisweilen verstiegen hat, genügen. In einem Beitrag zu einer 1968 unter der
Überschrift *Programm für ein neues Strafgesetzbuch* erschienenen Sammlung
unternahm ULRICH KLUG einen dreifachen Ausfall auf die Straftheorien von
KANT und Hegel. Erkenntnistheoretisch seien diese Lehren unhaltbar, denn
die Hauptthese, „daß der Sinn der Strafe die Wiedervergeltung sei, wird nicht
bewiesen, sondern schlicht verkündet. Es wird keine Erkenntnis vorgetragen, sondern ein Bekenntnis bekannt gegeben."[2] Auch logisch seien sie nicht
einwandfrei. Insbesondere Hegel operiere mit „der Pseudo-Logik der Anwendung eines Begriffes auf sich selbst"; seine Deutung der Strafe als Negation einer Negation sei „nichts als ein Bild und noch dazu ein verwirrendes".[3]
Und schließlich versage die Theorie signifikant auf der moralischen Ebene:
die Behauptung, daß die Bestrafung mit der Würde des Verbrechers nur
soweit vereinbar sei, als sie Vergeltung für sein Verbrechen ist, sei „ein
metaphysischer Traum". Ganz im Gegenteil: „die zwecklose Wiederver-gel-
tung, mit der nichts Gutes — weder für den Täter selbst, noch für die
Gesellschaft — angestrebt werden darf, verletzt die Menschenwürde" des
Verbrechers.[4] Daher sei es „hohe Zeit, die Straftheorien von KANT und Hegel
mit ihren irrationalen gedankenlyrischen Exzessen in all ihrer erkenntnis-
theoretischen, logischen und moralischen Fragwürdigkeit endgültig zu ver-
abschieden."[5] Im selben Jahr hielt OSSIP K. FLECHTHEIM — der zuvor schon
einige höchst kritische Schriften zu Hegels Straftheorie veröffentlicht hatte
— auf dem 6. Internationalen Hegel-Kongreß einen Vortrag über das
Thema, in dem er die These vertrat, gerade in dieser Theorie trete der
problematische Charakter von Hegels Rechts- und Staatsphilosophie besonders deutlich zutage. Er stellte Hegels Lehre von der Strafe dar als nurmehr
„ein Stück jener stets von neuem unternommenen Theodizee, mit deren
Hilfe der hilflose Mensch die Unvernunft der Natur und aller bisherigen
Kultur zu bewältigen versucht".[6] Dies sei die Art von Theodizee, welche aus
der Not eine Tugend macht und den Galeerensklaven dazu bringt, seine

---

[2] U. *Klug: Abschied von Kant und Hegel.* In: *Programm für ein neues Strafgesetzbuch.* Hrsg.
v. J. Baumann. Frankfurt a. M. 1968. 36—41. 39.
[3] Ib. 40
[4] Ib. 41, 40.
[5] Ib. 41.
[6] O. K. *Flechtheim: Zur Kritik der Hegelschen Strafrechtsphilosophie.* In: *Archiv für
Rechts- und Sozialphilosophie.* 54 (1968), 539-547. 540.

Ketten zu lieben. Hegels „Verklärung der Strafe" durch Begriffe wie Vernunft und Freiheit biete die Möglichkeit, ORWELLS „Ministerium der Liebe", das in Wirklichkeit das Ministerium der Gefängnisse, der Torturen und des Terrors ist, als eine bittere Satire auf Hegels Straftheorie zu betrachten.[7]
Doch hat die Auffassung der Strafe als Widervergeltung, nachdem sie lange Zeit in Vergessenheit geraten war, in den letzten Jahrzehnten eine Art Renaissance erfahren. Das erste Anzeichen einer Wende war die bahnbrechende Abhandlung *Punishment* von JOHN DAVID MABBOTT in der Zeitschrift *Mind* von 1939. In jüngerer Zeit hat man von einem „neuen Retributivismus" gesprochen.[8] In diesem Zusammenhang ist auch das Interesse an den klassischen Vergeltungstheorien von neuem erwacht, und wertvolle Aufsätze zu Hegels Straftheorie sind veröffentlicht worden.[9]
Die vorliegende Arbeit möchte einen Beitrag zu dieser „Hegel-Renaissance" im Bereich der Strafphilosophie bieten. Die jüngeren Veröffentlichungen zum Thema enthalten zwar viel interessantes und anregendes Material zu verschiedenen Aspekten von Hegels Theorie, doch keine davon setzt sich mit der Theorie als ganzer umfassend und ausführlich auseinander. Das soll hier versucht werden. Hegels Straftheorie soll hier zunächst detailliert und systematisch dargestellt, verständlich und überzeugend gedeutet und gegen die dagegen vorgebrachten Einwände in Schutz genommen werden, wobei es sich bei diesen Einwänden sowohl um die oben angeführten handelt als auch um andere, die sympathetischer und daher interessanter sind.
Auf den folgenden Seiten soll zunächst die Entwicklung von Hegels Anschauungen der Strafe von der frühen, theologischen Periode seiner philosophischen Entwicklung bis zur *Jenaer Realphilosophie* verfolgt werden (Kap. II). Dies soll als Grundlage dienen für eine eingehende Untersuchung von Hegels entwickelter, endgültiger Formulierung seiner Straftheorie, wie in der *Philosophischen Propädeutik, Enzyklopädie der philosophischen Wissenschaften, Grundlinien der Philosophie des Rechts* und in seinen verschiedenen Vorlesungsreihen zur Rechtsphilosophie dargelegt (Kap. III). Danach soll der von FLECHTHEIM (sowie von nahezu allen anderen Kritikern von Hegels Straftheorie) vorge-

---

[7] Ib. 541-542.
[8] Vgl. z. B. *Symposium: The New Retributivism.* In: The Journal of Philosophy. 75 (1978), 601—624.
[9] D. E. Cooper: *Hegel's Theory of Punishment.* In: *Hegel's Political Philosophy.* Ed. by Z. A. Pelczynski. Cambridge 1971. 151—167. P. G. Stillman: *Hegel's Idea of Punishment.* In: Journal of the History of Philosophy. 14 (1976), 169—182. M. H. Mitias: *Another Look at Hegel's Concept of Punishment.* In: Hegel-Studien. 13 (1978), 175—185. W. Schild: *Die Aktualität des Hegelschen Strafbegriffs.* In: *Philosophische Elemente der Tradition des politischen Denkens.* Hrsg. v. E. Heintel. Wien 1979. 199—233. P. P. Nicholson: *Hegel on Crime.* In: History of Political Thought. 3 (1982), 103—121.

brachte Einwand aufgegriffen werden, die Theorie sei dem *status quo* verhaftet und jedwedes positive Recht, so unvernünftig und ungerecht es auch sein möge, könne sich darauf berufen (Kap. IV). Schließlich soll etwas ausführlicher auf die beiden ausgesprochen Hegelschen retributivistischen Thesen eingegangen werden, die als weithin umstritten gelten; dabei wird versucht, deren wahre Bedeutung herauszuarbeiten und sie gegen die daran geübte Kritik zu verteidigen: die These von der Strafe als Aufhebung des Verbrechens (Kap. V) und als ein Recht des Verbrechers selbst (Kap. VI).

II. HEGELS AUFFASSUNG DER STRAFE IN DER FRANKFURTER UND JENAER ZEIT

Wenn von Hegels zahlreichen Ideen insbesondere im Bereich der Moral-, Rechts- und Staatsphilosophie die Rede ist, können wir die Beobachtung machen, daß ihre ersten Formulierungen — in denen die Richtung der späteren Entwicklung bis hin zur definitiven Ausformung im Rahmen des Systems entweder deutlich sichtbar oder mindestens angedeutet ist — bereits in seinen frühen, theologischen Schriften vorzufinden sind. Dies gilt auch für Hegels Straftheorie.

Hegels frühesten Reflexionen über die Strafe begegnen wir in dem Text, den HERMANN NOHL, der erste Herausgeber seiner theologischen Jugendschriften, mit der Überschrift *Der Geist des Christentums und sein Schicksal* versehen hat. Gleich am Anfang seiner Überlegungen über die Strafe — Überlegungen, die bereits in dieser Schrift ziemlich eingehend sind — stellt Hegel als Grundsatz jeder Auseinandersetzung über die Strafe das Prinzip der Vergeltung auf: „Auge um Auge, Zahn um Zahn, sagen die Gesetze; die Wiedervergeltung, und die Gleichheit derselben ist das heilige Prinzip aller Gerechtigkeit, das Prinzip, auf dem jede Staatsverfassung ruhen muß".[1] Im Kontext einer solchen Stellungnahme zum Problem der Begründung der Strafe ist der kardinale Begriff, selbstverständlich, der Begriff der verdienten Strafe. Schon dadurch, daß er ein Verbrechen begeht, betont Hegel, hat der Verbrecher es verdient, bestraft zu werden. Dieses Verdienen der Strafe ist bereits im Akt des Verbrechens enthalten, und zwar nicht aufgrund eines nachträglichen, vielleicht sogar willkürlichen Zusammenhangs, sondern notwendigerweise.[2] Demzufolge ist es, wenn ein Verbrechen begangen worden ist, überflüssig, nach diesen oder jenen positiven Folgen zu suchen, die das Bestrafen des Verbrechens mit sich bringen könnte, um die Strafe durch Berufung auf diese Folgen zu rechtfertigen. Schon das Begehen des Verbrechens ist eine notwendige und ausreichende Begründung der Strafe: sie ist verdient, und deshalb gerecht und gerechtfertigt. Dies ist der Sinn der Worte Hegels „die Strafe liegt unmittelbar in dem beleidigten Gesetz".[3]

Wie aber ist dieser notwendige Zusammenhang eigentlich beschaffen? Antwort auf diese Frage findet Hegel, indem er die Tat des Verbrechens in

---

[1] G. W. F. Hegel: *Der Geist des Christentums und sein Schicksal.* In: *Hegels theologische Jugendschriften.* Hrsg. v. H. Nohl. Tübingen 1907. 271.

[2] Ib. 278.

[3] Ib. 277.

den Rang der Allgemeinheit erhebt, insofern als das Gesetz, das durch diese
Tat verletzt worden ist und auf Grund dessen sie als ein Verbrechen identifi-
ziert wird, etwas Allgemeines ist: „das Gesetz ist vom Verbrecher gebrochen
worden, sein Inhalt ist nicht mehr für ihn, er hat ihn aufgehoben," sagt Hegel;
„aber die Form des Gesetzes, die Allgemeinheit verfolgt ihn und schmiegt sich
sogar an sein Verbrechen an; seine Tat wird allgemein [...]"[4] Dies wird klarer,
wenn wir die Situation mit Hilfe des Begriffs des Rechts beschreiben. Das
Gesetz schützt gewisse Rechte des Einzelnen, so daß der Verstoß gegen das
Gesetz auch eine Verletzung des Rechts eines anderen bedeutet. Der Diebstahl ist ein Verstoß gegen jemandes Recht auf Eigentum, Mord bedeutet,
jemandes Recht auf Leben mit Füßen treten, u.s.f. Damit der Verbrecher sein
Ziel, zu dem ihm seine Tat verhelfen soll, erreicht, müßte sein eigenes Recht
auf Besitz oder Leben in der Regel gewahrt bleiben: zum Beispiel, der Dieb
stiehlt nicht einfach, um jemanden seines Eigentums zu berauben, sondern
um sich fremdes Gut anzueignen. Indem er aber gegen fremdes Recht auf
Eigentum verstößt, enthebt er das Gesetz der Pflicht, ihm sein eigenes Recht
auf Eigentum zu wahren; so ist nun eine Verletzung seines Eigentums kein
Verstoß gegen sein Recht auf Eigentum, ist nicht gesetzwidrig, ungerecht,
sittlich unzulässig:
„Des gleichen Rechtes, das durch ein Verbrechen in einem andern verletzt
worden ist, wird der Verbrecher verlustig. [...] Die Täuschung des Verbrechens, das fremdes Leben zu zerstören und sich damit erweitert glaubt, löst
sich dahin auf, daß der abgeschiedene Geist des verletzten Lebens gegen es
auftritt, wie Banquo, der als Freund zu Macbeth kam, in seinem Morde nicht
vertilgt war, sondern im Augenblick darauf noch seinen Stuhl einnahm; nicht
als Genosse des Mahls, sondern als böser Geist. Der Verbrecher meinte es
mit fremdem Leben zu tun zu haben; aber er hat nur sein eigenes Leben
zerstört; denn Leben ist vom Leben nicht verschieden [...] und in seinem
Übermut hat er zwar zerstört, aber nur die Freundlichkeit des Lebens: er hat
es in einen Feind verkehrt. Erst die Tat hat ein Gesetz erschaffen, dessen
Herrschaft nun eintritt; dies Gesetz ist die Vereinigung im Begriffe der
Gleichheit des anscheinend fremden verletzten und des eigenen verwirkten
Lebens. Jetzt erst tritt das verletzte Leben als eine feindselige Macht gegen
den Verbrecher auf, und mißhandelt ihn, wie er mißhandelt hat [...] Die
gleichen Schläge, die der Verbrecher ausgeteilt hat, erfährt er wieder, gegen
den Tyrannen stehen wieder Peiniger, gegen den Mörder Henker; und die
Peiniger und die Henker, die dasselbe tun, was die Tyrannen und die Mörder
taten, heißen darum gerecht, weil sie das gleiche tun [...]"[5]

---

[4] Ib. 278.
[5] Ib. 277, 280—281, 288.

Der Verbrecher hat aber nicht nur das Recht, das er durch sein Verhalten anderen gegenüber verletzt hat, seinerseits eingebüßt, vielmehr steht seine Tat im Widerspruch zum Gesetz, das er gebrochen hat. Doch kann dieses Gesetz nur dann bestehen bleiben, wenn man diesen Widerspruch behebt, wenn diese vom Verbrecher intendierte Gesetzesübertretung rückgängig gemacht und die Allgemeinheit des Gesetzes wiederhergestellt wird.[6] Daher resultiert aus dem begangenen Verbrechen nicht nur das Recht, sondern sogar die Pflicht, eine Strafe zu verhängen. „Das Gesetz kann die Strafe nicht schenken, nicht gnädig sein, denn es höbe sich selbst auf," sagt Hegel. „Ein Rächer kann verzeihen, es aufgeben, sich zu rächen; ein Richter [kann aufhören] als Richter zu handeln, kann begnadigen. Aber damit ist der Gerechtigkeit nicht Genüge geleistet; diese ist unbeugsam, und so lange Gesetze das Höchste sind, so lange kann ihr nicht entflohen werden, so lange muß das Individuelle dem Allgemeinen aufgeopfert [...] werden."[7]

Hier soll betont werden, das diese Auffassung der Strafe keine positive Theorie darstellt, womit der Philosoph die Frage nach der Rechtfertigung der Strafe beantworten will; vielmehr hat sie einen anderen Sinn. Im *Geist des Christentums* verfolgt Hegel das Ziel, einen eigenen philosophischen, ethischen und religiösen Standpunkt zu erarbeiten, dessen Grundzug ein radikaler Antinomismus ist; er beginnt deswegen sein Unterfangen mit der Kritik und dem Ablehnen einer ganzen Tradition, die in der alttestamentlichen Auffassung von Recht und Gesetz wurzelt. Diese Kritik Hegels, die einigermaßen an die Kritik des Positiven im Religiösen anschließt, die er in den früheren theologischen Schriften geübt hat, verzweigt sich in mehrere Richtungen: ihr Gegenstand ist auf der religiösen Seite die alttestamentliche Auffassung des Gesetzes und alles, was auf sie begründet und von ihr durchdrungen ist — das Judentum als Religion und als Kultur, die Paulinische Lehre von der Erlösung, der Legalismus der Lutherischen Dogmatik; auf der philosophischen Seite — der Dualismus zwischen dem moralischen Gesetz und den Neigungen und Gefühlen des Menschen, welcher die grundlegende Voraussetzung von Kants Ethik bildet. Die in dieser Gegenüberstellung formulierten Hauptbegriffe des Hegelschen Standpunkt sind die des Lebens, der Liebe und der Versöhnung. Dabei ist die grundlegende These die Überwindung des Gegensatzes zwischen Neigung und Gesetz, zwischen dem, was ist, und dem, was sein soll, zwischen irrational und rational, subjektiv und objektiv, individuell und allgemein, transzendent und immanent — jeweils innerhalb des fast pantheistisch aufgefaßten „Lebens" mittels „Liebe". In solchem Zusammenhang erscheint die Strafe — als Wiedervergeltung

---

[6] Ib. 278—279.
[7] Ib. 278.

interpretiert — als eines der Grundelemente der legalistisch aufgefaßten
Religion, Moralität, des Rechts, der Beziehungen des Menschen zu Gott, zu
den anderen Menschen und zu sich selbst: ihre Natur offenbart die Natur
dieses Legalismus, ihre Mängel zeugen von der wesentlichen Beschränktheit
des legalistischen Standpunktes. Und ihre bedeutendste Einschränkung ist
die Tatsache, daß sie die Versöhnung der erwähnten Gegensätze nicht er-
möglicht, daß sie den Verbrecher nicht zur Besserung bringen kann; im
Gegenteil, sowohl die Strafe als auch das Recht, das sie vollstreckt, das
Gesetz, das durch sie wiederhergestellt wird, bleiben für den Verbrecher
etwas Äußeres, Fremdes, Feindliches:
    „Von Versöhnung [...] kann also bei der Gerechtigkeit nicht die Rede sein.
[...] Was geschehen ist, kann nicht ungeschehen gemacht werden, die Strafe
folgt der Tat; ihr Zusammenhang ist unzerreißbar; gibt es keinen Weg, eine
Handlung ungeschehen zu machen, ist ihre Wirklichkeit ewig, so ist keine
Versöhnung möglich, auch nicht durch Ausstehen der Strafe; das Gesetz ist
wohl dadurch befriedigt, denn der Widerspruch zwischen seinem ausgespro-
chenen Soll und zwischen der Wirklichkeit des Verbrechers, die Ausnahme,
die der Verbrecher von der Allgemeinheit [des Gesetzes] machen wollte, ist
aufgehoben. Allein der Verbrecher ist nicht mit dem Gesetz, (dies sei für den
Verbrecher ein fremdes Wesen, oder subjektiv in ihm, als böses Gewissen)
versöhnt; in jenem Fall hört die fremde Macht, welche der Verbrecher gegen
sich selbst geschaffen und bewaffnet hat, dieses feindselige Wesen auf, wenn
es gestraft hat, auf ihn zu wirken; wenn es auf eben die Art, auf welche der
Verbrecher wirkte, auf ihn zurückgewirkt hat, läßt es zwar ab, zieht sich aber
in die drohende Stellung zurück, und seine Gestalt ist nicht verschwunden,
oder freundlich gemacht; an dem bösen Gewissen, dem Bewußtsein einer
bösen Handlung, seiner selbst als eines Bösen, ändert die erlittene Strafe
nichts; denn der Verbrecher schaut sich immer als Verbrecher, er hat über
seine Handlung als eine Wirklichkeit keine Macht, und diese seine Wirklichkeit ist im Widerspruch mit seinem Bewußtsein des Gesetzes. [...] Auch
bessert die Strafe nicht, weil sie nur ein Leiden ist, ein Gefühl der Ohnmacht
gegen einen Herrn, mit dem der Verbrecher nichts gemein hat, und nichts
gemein haben will; sie kann nur Eigensinn bewirken, Hartnäckigkeit im
Widerstand gegen einen Feind."[8]
    Das Motiv der Versöhnung bleibt in Hegels Philosophie stets gegenwärtig,
bis zur endgültigen Fassung seines Systems; doch im Laufe der weiteren
philosophischen Entwicklung wird Hegel die Wege der Versöhnung auf eine
ganz andere Art sehen als im *Geist des Christentums*. Die Konzeption der Strafe
tritt hier als etwas zutage, was aus einem fremden Standpunkt hervorgeht

---

[8] Ib. 288, 278—279, 282.

und von der Unzulänglichkeit und unumgänglichen Überwindung dieses Standpunktes, von der Unmöglichkeit der „Versöhnung" innerhalb dieses Standpunktes zeugt, und wird später — in einer ergänzten und entwickelteren Form, jedoch ohne wesentliche Abänderungen des bereits Gesagten — den Status der positiven Straflehre Hegels erhalten, in deren Rahmen die Strafe gerade als eine Form der „Versöhnung" interpretiert wird.

Aus Hegels Frankfurter Zeit, in welcher *Der Geist des Christentums* entstanden ist, sind uns eine ganze Reihe von Aufzeichnungen über politische und geschichtliche Themen erhalten; unter diesen finden wir zwei, die sich mit dem Problem der Strafe beschäftigen. Eine dieser Notizen ist der Frage nach der Zweckmässigkeit und den psychologischen Folgen der öffentlichen Vollstreckung der Todesstrafe gewidmet. Hegel fragt sich hier, unter anderem, wie es kommt, daß der schauerliche Anblick, wo mehrere bewaffnete Männer einen hilflosen Verurteilten hinrichten, bei den Zuschauern nicht Wut und Empörung auslöst. Seiner Meinung nach besteht der einzige Grund dafür darin, „daß ihnen der Ausspruch des Gesetzes heilig ist".[9]

Im anderen Text spricht Hegel von den Zuchthausstrafen. Die Behinderung des Verbrechers duch das Verbot, mit anderen Umgang zu pflegen, ist gerecht, sagt er, „*denn der Verbrecher hat sich* [durch seine Missetat] *selbst isoliert.*" Doch, den Gefangenen zu zwingen, für das allgemeine Wohl zu arbeiten, oder aber bewirken zu wollen, daß er sich mit Rücksicht auf das Allgemeinwohl umerzieht, „bessert", ist nichts anderes als „die ärgste Tyrannei"; denn das Allgemeinwohl ist für ihn etwas Fremdes, ein Zweck, der nicht der seinige ist, wenn man ihn auf ungerechte Weise anstrebt.[10] Aus der ersten dieser frühen Aufzeichnungen geht hervor, daß Hegel das Urteil des sogenannten gewöhnlichen sittlichen Bewußtseins als Faktor für das philosophische Verständnis der Grundlage des Strafens anerkennt; die andere hingegen ist interessant als eine Andeutung der Richtung, in welche der deutsche Philosoph seine Kritik der utilitarischen Theorie später entwickeln wird.

Eine Reihe von Schriften aus der folgenden Jenaer Zeit der Hegelschen philosophischen Entwicklung zeugt von einem anhaltenden Interesse des Philosophen am Problem der Strafe. Betrachtungen über diese Frage sind bereits in der Schrift zu finden, die KARL ROSENKRANZ als *System der Sittlichkeit* betitelt hat. Hier gibt Hegel die erste Version dessen, was später im Rahmen eines ausgebauten Systems als die Philosophie des objektiven Geistes zutage treten wird; deshalb ist es begreiflich, daß hier verhältnismäßig eingehend von der Strafe gesprochen wird. Hegels Diskussion — etwas unglücklich in

---

[9] *Dokumente zu Hegels Entwicklung.* Hrsg. v. J. Hoffmeister. Stuttgart 1974. 271.
[10] Ib. 279—280.

die Terminologie von SCHELLINGS Identitätsphilosophie gezwängt, eine Terminologie, die Hegel selbst sehr bald fallen lassen wird — wiederholt teilweise
einige von den im *Geist des Christentums* enthaltenen Gedanken, und weist
teilweise auf die weitere Evolution der Hegelschen Auffassung der Strafe
hin. Hegel betrachtet die Strafe auch hier nicht im Lichte ihrer Folgen,
sondern mit Rücksicht auf den begangenen Rechtsbruch, und besteht auf
dem notwendigen Zusammenhang zwischen Verbrechen und Strafe; die
Strafe ist nichts anderes als die „rächende Gerechtigkeit". Ebenso stellt er die
These vom implizit allgemeinen Charakter des Verbrechens auf: „Unmittelbar hat der Verbrecher, was er scheinbar äußerlich und als ein ihm Fremdes
verletzt, darin ebenso sich selbst ideell verletzt und aufgehoben. Insofern ist
die äußere Tat zugleich eine innere, das Verbrechen, an dem Fremden begangen, ebenso an ihm selbst begangen. Aber das Bewußtsein dieser seiner
eigenen Vernichtung ist ein subjektives, inneres oder das böse Gewissen. Es
ist insofern unvollständig und muß sich auch äußerlich als rächende Gerechtigkeit [d.h. als Strafe] darstellen."[11] Jedoch im Unterschied zum *Geist des
Christentums* werden nun diese Gedanken als Inhalt der eigenen positiven
Lehre ausgelegt. Für die weitere Entwicklung dieser Lehre ist zum einen
wichtig, daß schon im Titel des Abschnittes, in welchem von Verbrechen und
Strafe die Rede ist, das Verbrechen als etwas Negatives bezeichnet wird, und
daß in der Fortsetzung von der Strafe als von der „Negation" dieser „Negation", also von ihrer Aufhebung, gesprochen wird.[12] Zum anderen stellt
Hegel bereits hier seine Idee von der „Aufhebung" des Verbrechens durch die
Strafe in den Kontext der Unterscheidung zwischen bürgerlichem Recht und
Strafrecht. Durch die Verletzung des ersteren wird nicht das Gesetz selbst
bestritten, sondern nur, daß jemand auf Grund dieses Gesetzes ein bestimmtes Recht habe; beim Verletzen des letzteren mißachtet der Delinquent auch
das Gesetz als solches, das Allgemeine darin, was sein Wesen ausmacht, und
im Gegensatz dazu stellt er ein anderes Prinzip als ein allgemeines auf.
Darum, sagt Hegel, geht die bürgerliche Gerechtigkeit „bloß auf die Bestimmtheit; die peinliche muß außer der Bestimmtheit auch die Negation der
Allgemeinheit und die an dieser Stelle gesetzte Allgemeinheit aufheben [...]
Dieses Aufheben ist die *Strafe*." Sie ist „bestimmt gerade nach der Bestimmtheit, in welcher die Allgemeinheit aufgehoben worden ist", d.h. gemäß dem
begangenen Verbrechen.[13]
      Weitere Schritte zum Ausbau seiner Straftheorie unternimmt Hegel in
seiner Abhandlung über das Naturrecht, die er ungefähr zu der Zeit verfaßt

---

[11] G. W. F. Hegel: *System der Sittlichkeit*. SPR 435.
[12] Ib. 450—454, 501.
[13] Ib. 501.

hat, als das *System der Sittlichkeit* entstand, und die im *Kritischen Journal der Philosophie* veröffentlicht wurde. In dieser Abhandlung übt Hegel Kritik am gesamten traditionellen naturrechtlichen Denken, das er als „empirisch" bezeichnet, sowie an der damaligen Moral-, Rechts- und Staatsphilosophie von Kant und Fichte, die er eine „formelle" nennt. Die Kritik der „empirischen Behandlungsart" wird aufgebaut auf der Grundlage der Unterscheidung zwischen der analytischen Art des Denkens, das für den gesunden Menschenverstand und die Einzelwissenschaften charakteristisch ist, und dem vernünftigen oder spekulativen Denken, das authentisch philosophisch ist — einer Unterscheidung, die für die gesamte Hegelsche Philosophie von grundlegender Bedeutung ist, und die der Philosoph bereits in seiner ersten veröffentlichten Arbeit, die dem Unterschied von Fichtes und Schellings System gewidmet war, dargelegt hat. Die „empirische Behandlungsart des Naturrechts" ist die Anwendung des Verstandes auf Fragen der Moral-, Rechts- und Staatsphilosophie. Für sie ist gerade das bezeichnend, daß sie nicht in der Lage ist, ihren Gegenstand als ein Ganzes zu erfassen; vielmehr abstrahiert sie aus der organischen Ganzheit des Gegenstandes diese oder jene partielle Bestimmung, und setzt sie als Prinzip oder Wesen des Ganzen.[14] So sagt sie zum Beispiel von der Institution der Ehe, ihr Wesen sei das Gebären von Kindern oder die Gemeinschaft der Güter oder aber etwas drittes, und somit wird „das ganze organische Verhältnis bestimmt und verunreinigt."[15] Das zweite charakteristische Beispiel ist der Fall der Strafe, wo „bald die Bestimmtheit der moralischen Besserung des Verbrechers, bald des angerichteten Schadens, bald der Vorstellung der Strafe in andern, bald ihrer dem Verbrechen vorhergegangenen Vorstellung des Verbrechers selbst, bald der Notwendigkeit, daß diese Vorstellung reell, die Drohung ausgeführt werde, usw. aufgegriffen, und eine solche Einzelheit zum Zweck und Wesen des Ganzen gemacht [wird]. Wobei dann natürlich erfolgt, daß weil eine solche Bestimmtheit mit den übrigen Bestimmtheiten, die weiter aufzutreiben und zu unterscheiden sind, nicht in notwendigem Zusammenhang ist, ein Gequäle darüber, um die notwendige Beziehung und Herrschaft der einen über die anderen zu finden, entsteht, das kein Ende nimmt; und daß, weil die innere Notwendigkeit, die nicht in der Einzelheit ist, fehlt, jede sich die Unabhängigkeit von der andern sehr gut vindizieren kann."[16]

Eine Auffassung, der „die Totalität des Organischen" auf diese Weise zwangsläufig entgeht, bleibt in der Theorie der Strafe sogar unter dem Niveau der empirischen Praxis mit ihrer „Konfusion von Rache, Sicherheit

---

[14] G. W. F. Hegel: *Über die wissenschaftlichen Behandlungsarten des Naturrechts.* SPR 334.
[15] Ib. 335.
[16] L. c.

des Staats, Besserung, Ausführung der Drohung, Abschreckung, Prävention usw."[17]

Hier ist eine der grundlegenden kritischen Bemerkungen, die Hegel in der endgültigen Fassung seiner Straftheorie an alle utilitaristischen Theorien richten wird, knapp formuliert. Die zweite derartige Bemerkung lautet, daß alle diese Theorien die Strafe in erster Linie in ihrem Gegensatz zum Willen des Verbrechers, als bloßen Zwang darstellen und sie so in sittlichem Sinne degradieren. Die Strafe erscheint als eine Art von Ware, als etwas, womit man eine andere Ware — das Verbrechen, kaufen kann; demnach wäre der Staat mit seinen Gerichten nichts anderes als ein Kaufmann, der mit diesen Waren handelt, und das Gesetz — die Preisliste nach welcher dieser Handel abgewickelt wird.[18]

Im Gegensatz zu jeder utilitaristischen Auffassung der Strafe als etwas, dessen Wesen und Legitimität in den Folgen liegt, hebt Hegel hervor, daß bei der Strafe einzig und allein Wiedervergeltung vernünftig ist. Die Strafe ist „die Wiederherstellung der Freiheit". Durch sie ist das begangene Verbrechen zwar „bezwungen", jedoch dies macht sie nicht zu einem Mittel des Zwanges. Im Gegenteil, der bestrafte Verbrecher „ist frei geblieben, oder vielmehr frei gemacht, als der Strafende vernünftig und frei gehandelt hat." Die Strafe „kommt aus der Freiheit und bleibt selbst als bezwingend in der Freiheit."[19] Diese These von dem befreienden Wesen der Strafe bemüht sich Hegel, zu begründen mit einer (in SCHELLINGscher Terminologie der „Potenzen" formulierten) Argumentation, deren Bewertung als „Musterbeispiel ‚dialektisch'-spekulativer Spielerei und Mystifikation"[20] nicht übertrieben ist. Es ist nicht nötig, bei dieser Argumentation zu verweilen; jedoch ist die darauf gegründete These sehr bedeutsam, denn sie antizipiert die Umfassung der Beziehung zwischen Strafe und Freiheit in Hegels reifer Straftheorie.

Gegen Ende der Frankfurter und am Anfang der Jenaer Zeit von Hegels philosophischer Entwicklung ist auch die Schrift über die Verfassung Deutschlands entstanden. Dort kommt Hegel erstmals zu einem gedanklichen Ansatz für das Verständnis des modernen Staates, auf den er sich im Grunde auch in den späteren Interpretationen der Politik, des Staates und der neueren Geschichte stützen wird. Die Aufgabe, die er sich in dieser Abhandlung stellt, besteht darin, das Wesen des modernen Staates zu durchdenken und aufzuzeigen, daß im Deutschland seiner Zeit diese Wesensart

---

[17] Ib. 345.

[18] Ib. 371.

[19] L. c.

[20] O. K. Flechtheim: *Die Funktion der Strafe in der Rechtstheorie Hegels.* In: ders.: *Von Hegel zu Kelsen.* Berlin 1963. 13.

nicht verwirklicht worden sei, sowie die Ursachen eines solchen Zustandes zu erforschen und die Richtung anzugeben, in welche sich die Verhältnisse ändern müßten, damit Deutschland zu einem Staat werde. Die politische Erfahrung, aus welcher Hegel spricht, ist die Situation der Zerstückelung und Ohnmacht des Heiligen Römischen Reiches deutscher Nation, das nur auf dem Papier ein einheitliches Gebilde ist. Mit Rücksicht auf die analoge Situation in Italien hat MACHIAVELLI seinerzeit den *Fürst* verfaßt; daher ist es verständlich, daß Hegel, der laut CASSIRERS Worten damals davon geträumt hat, ein zweiter MACHIAVELLI zu werden — ein MACHIAVELLI seiner Zeit und seines Landes[21] —, bestrebt ist, die politische Lehre des italienischen Denkers zu reinterpretieren und rehabilitieren. In diesem Zusammenhang, wo er von den Mitteln und Zielen in der Politik spricht, sagt er unter anderem:
„Italien sollte ein Staat sein [...] und dies Allgemeine setzt Machiavell voraus, dies fordert er, dies ist sein Prinzip gegen das Elend seines Landes. Von hier erscheint das Verfahren des „Fürsten" von einer ganz andern Seite. Was, vom Privatmann gegen den Privatmann oder von einem Staate gegen den andern oder gegen einen Privatmann getan, abscheulich wäre, ist nunmehr gerechte Strafe. Gegen einen Staat ist Bewirkung von Anarchie das höchste oder vielmehr das einzige Verbrechen; denn alle Verbrechen, deren der Staat sich anzunehmen hat, gehen dahin, und diejenigen, welche nicht mittelbar, wie andere Verbrecher, sondern unmittelbar den Staat selbst angreifen, sind die größten Verbrecher, und der Staat hat keine höhere Pflicht, als sich selbst zu erhalten und die Macht dieser Verbrecher auf die sicherste Art zu vernichten. Die Ausübung dieser höchsten Pflicht durch den Staat ist kein Mittel mehr, es ist Strafe, oder wenn die Strafe selbst ein Mittel wäre, so würde jede Bestrafung irgendeines Verbrechers eine Abscheulichkeit heißen müssen, und jeder Staat in dem Fall sein, um seiner Erhaltung wegen abscheuliche Mittel, Tod, lange Gefangenschaft zu gebrauchen."[22]
Obwohl der Gegenstand von Hegels Bemerkungen nicht die Institution der Strafe selbst ist — vielmehr wird der Begriff der Strafe dazu verwendet, um über etwas anderes zu sprechen — sind diese Äußerungen doch von Interesse; denn sie verweisen auf die Auffassung der Strafe, herausgearbeitet in einer scharfen Ablehnung jeglicher utilitaristischen Straftheorie. Jemanden im Zuchthaus zu halten oder ihn ums Leben zu bringen, ist für Hegel etwas offenkundig Unzulässiges, wenn man damit, wie durch irgendein Mittel, einen gewissen Zweck erreichen will. Solche Behandlung eines Menschen ist nur dann gerechtfertigt, wenn man aufzeigt, daß sie gerecht ist; die Gerechtigkeit ist der sittliche Maßstab für die Strafe *par excellence*. Wie wir in

---

21 E. Cassirer: *The Myth of the State.* New Haven 1967. 122.
22 G. W. F. Hegel: *Die Verfassung Deutschlands.* SPR 113—114.

den vorangehenden Ausführungen gesehen haben, hat Hegel schon im *Geist des Christentums* das Prinzip der Gerechtigkeit als Prinzip der Vergeltung bestimmt. Das Kriterium für die Bewertung der Mittel ist nicht die Gerechtigkeit, sondern die Wirksamkeit. Wenn man demnach die Strafe als Mittel versteht — und so wird sie von allen utilitaristischen Theorien gedeutet — so muß sie vor allem nach ihrer Wirksamkeit mit Rücksicht auf den vorausgesetzten Zweck bewertet werden, während man die Gerechtigkeit, d.h. gerade ihren spezifisch sittlichen Aspekt, außer Acht läßt. Und wenn man das Bestrafen so aus seinem ethischen Kontext herausreißt und es als bloßes Mittel darstellt, dann muß man jede Strafe, die der Staat verhängt und vollzieht — die man sonst in ihrem natürlichen Kontext, d.h. als etwas, was gerecht ist, als sittlich völlig legitim auffaßt — als etwas Unzulässiges, Abscheuliches, verwerfen.

In Hegels Vorlesungen über Naturphilosophie und Philosophie des Geistes, gehalten in Jena 1805—1806, liegt die erste Version der Philosophie des objektiven Geistes vor. Die Betrachtungen zur Strafe, die wir da vorfinden, sind schon darum interessant, weil sie systematisch in diese Ganzheit eingefügt sind. Die Lehre vom Recht, das Hegel hier als „wirklichen Geist" bezeichnet, ist in der Idee des Einzelnen als Person, als Subjekt des Willens und Träger der subjektiven Rechte, begründet. Selbstverständlich interpretiert Hegel diese Idee nicht individualistisch, wie dies z.B. bei LOCKE der Fall ist, sondern auf den Spuren der politischen Philosophie von ROUSSEAU und KANT, also vom Standpunkt der Theorie des allgemeinen Willens, der transzendent und dem empirischen Willen des Einzelnen sittlich überlegen ist. Rechtsbeziehungen werden dort hergestellt, wo die Willen der Einzelnen auf Grund gegenseitiger Anerkennung in Beziehung treten; deshalb bezeichnet Hegel den Bereich des Rechtes als Bereich des „Anerkanntseins". Dieses Anerkanntsein ist identisch mit dem allgemeinen Willen, der nichts anderes ist, als Leben und Selbstbewußtsein der Gesetze des Gemeinwesens. Dem Gemeinwesen gehört die Macht und Gewalt über den gesamten Besitz des Einzelnen, über sein Leben und sogar über seine Gedanken; es ist zuständig in Fragen von Recht und Unrecht, Gut und Böse.[23] Der allgemeine Wille besteht nicht außerhalb des Einzelnen, als etwas Äußerliches, Fremdes, Übergeordnetes und Aufgezwungenes; vielmehr ist er dem Einzelnen immanent.[24] Sein empirischer Wille ist jedoch nicht unbedingt mit dem allgemeinen identisch, vielmehr kann er von ihm Abstand nehmen und sich ihm widersetzen. So entsteht das Verbrechen, mit welchem der Verbrecher sich

---

[23] G. W. F. Hegel: *Jenaer Realphilosophie.* Hrsg. v. J. Hoffmeister. Hamburg 1967. 212—213, 237.
[24] Ib. 212.

eigentlich dem widersetzt, was sein Wille vorher anerkannt hat.[25] Seine Tat muß die Reaktion des allgemeinen Willens, bzw. des Gesetzes hervorrufen — die Strafe. Die Strafe zeigt, daß das Gesetz oder der allgemeine Wille das Überwiegende, der entgegengesetzte Wille des Einzelnen etwas Unhaltbares und Nichtiges ist, wie auch daß der Verbrecher mit seiner Tat eigentlich sich selbst verletzt hat. Die Strafe demonstriert all dies deshalb, weil sie nicht einfach ein Mittel zur Abschreckung oder Umerziehung ist; ihrem Wesen nach ist sie Vergeltung, etwas Böses, womit das Böse widervergolten wird:

„Er [der Verbrecher] will *etwas sein* (wie Herostrat), nicht gerade berühmt, sondern daß er *seinen* Willen zum Trotz dem allgemeinen Willen ausgeführt hat. Das vollzogne Verbrechen ist der Wille, der sich als einzelnen, für sich seienden weiß, zum *Dasein* gekommen, [trotz] der Macht des andern, sich als *allgemeinen* wissenden Willens. Aber dies Verbrechen ist die Belebung, die Betätigung, Erregung zur Tätigkeit des allgemeinen Willens. Der allgemeine Wille ist tätig. Die anerkannte Tätigkeit ist *allgemeine*, nicht einzelne, d.h. sie ist ein Aufheben des Einzelnen. *Strafe* ist dieses Umschlagen; sie ist Wieder-[ver]geltung als des allgemeinen Willen[s]. Ihr *Wesen* beruht nicht auf einem Vertrage, noch Abschrecken der Andern, noch Besserung des Verbrechers, sondern ihr *Wesen*, Begriff ist dieser Übergang, Verkehrung des verletzten allgemeinen Anerkanntseins. Sie ist *Rache*, aber als Gerechtigkeit, d.h. das Anerkanntsein, das *an sich* ist und (äußerlich) verletzt, wiederherzustellen [ist]. Dem Verbrecher geschieht das Gleiche, was er getan hat."[26]

Dabei wird der Verbrecher gleichzeitig von seiner Missetat befreit; nach Verhängung und Vollzug der Strafe, ist es vom Standpunkt des Gesetzes „als ob sie nicht geschehen wäre", und dann „kann kein Vorwurf mehr gemacht werden über sein Verbrechen."[27] In diesem Sinne ist die Strafe auch „Begnadigung".[28] So behauptet nun Hegel ausdrücklich das, was er im *Geist des Christentums* geleugnet hat: daß die Strafe ein Akt der Versöhnung sei — die Versöhnung des Verbrechers mit sich selber, mit seinem Gewissen, wie auch mit den anderen, mit dem Gemeinwesen.

Das ist die erste charakteristische These von Hegels Ausführungen zur Strafe in der *Jenaer Realphilosophie*. Das zweite Merkmal ist Hegels Beharren auf dem grundsätzlichen Unterschied zwischen Strafe und Rache: die Strafe ist Vergeltung des verletzten Gemeinwillens, des Gesetzes, Gemeinwesens, nicht aber des verletzten Einzelnen. Zwar kann auch die Rache gerecht sein; in der Strafe wirkt aber die Gerechtigkeit als solche und die damit erzielte

---

[25] Ib. 218, 224, 220.
[26] Ib. 224. Vgl. ib. 225, 240.
[27] Ib. 237, 258—259.
[28] Ib. 237.

Genugtuung ist nicht die Befriedigung des Wollens und der Gefühle des Einzelnen, wie dies bei der Rache der Fall ist, sondern des Gesetzes und die Wiederherstellung des Rechts.[29]

Diese beiden Gedanken, die sich zum ersten Male in der *Jenaer Realphilosophie* finden, wird Hegel auch in der endgültigen Fassung seiner Straftheorie beibehalten. Im Gegensatz dazu wird er die dritte These, die für diese Ausführungen so kennzeichnend ist, später nicht mehr vertreten: die These, daß die gleiche Strafe die Angehörigen des höheren Standes härter treffe, als die des niederen, und daß man demzufolge bei der Festsetzung des Strafmaßes die Standeszugehörigkeit des Verbrechers zu berücksichtigen habe — daß man ihm ermöglichen solle, selbst als Bestrafter seinen Standesstatus zu bewahren.[30]

---

[29] Ib. 224, 240.

[30] Ib. 258—259. — O. K. Flechtheim bemerkt zu Recht, daß sich Hegels Straftheorie an diesem Punkt als „ein Kind ihrer Zeit und der in dieser herrschenden Ideen" erweist. Das damalige deutsche Recht erkannte das von der Französischen Revolution verkündete Prinzip völliger Gleichheit aller Menschen vor dem Gesetz nicht systematisch an. Hegel sollte diese Abstufung bereits in der *Philosophischen Propädeutik* aufgeben; dort wird deutlich, „wie Hegel jetzt — seit 1801 in dem nach den napoleonischen Prinzipien regierten Bayern — nicht mehr auf dem Boden des Ständerechts des *ancien régime* steht, sondern schon ganz auf den Ideen der Französischen Revolution von der Rechtsgleichheit und Personenfreiheit aufbaut" (*O. K. Flechtheim: Hegels Strafrechtstheorie.* 2. Aufl. Berlin 1975. 54. 61).

III. DIE ENTWICKELTE STRAFTHEORIE HEGELS

1. Quellen

Hegel hat seine Straftheorie erstmals in seinen am Nürnberger Gymnasium 1808—1811 gehaltenen Kursen entfaltet und endgültig abgefaßt. Aus seinen Manuskripten für diese Kurse ist die *Philosophische Propädeutik* rekonstruiert worden, die das Gebäude der gesamten philosophischen Lehre Hegels in einer Weise systematisiert, die der Philosoph später aufgegeben hat, und in diesem Gefüge auch die Rechtsphilosophie enthält. Im Kontext der Rechtslehre wird sehr knapp, ohne eingehende Argumentation, auch die Straftheorie dargelegt. Es ist gleichfalls bemerkenswert, daß Hegel sich hier auf eine Kritik an der gegensätzlichen, utilitaristischen Auffassung der Strafe nicht eingelassen hat. Dies wird verständlich, wenn man sich den pädagogischen Zweck dieser Ausführungen vor Augen hält.

Die zweite Fassung seiner endgültigen Straftheorie ist in der *Enzyklopädie der philosophischen Wissenschaften* dargeboten. Auch hier sind die Ausführungen über die Strafe sehr kurz und gedrängt gefaßt: in der ersten Ausgabe (der sogenannten *Heidelberger Enzyklopädie*) werden diesen insgesamt nur einige wenige Paragraphen gewidmet; diese hat Hegel in den späteren Auflagen nicht ergänzt, weil er in der Zwischenzeit die ganze Philosophie des objektiven Geistes, d.h. des Rechts, der Moral, der Gesellschaft und des Staates, in den *Grundlinien der Philosophie des Rechts* eingehend dargelegt hatte.

In diesem Werk hat Hegels Straftheorie ihre voll entfaltete, endgültige Form erhalten. Dort setzt sich Hegel kritisch mit der alternativen, utilitaristischen Straftheorie auseinander, und stellt eine sehr eindrückliche Argumentation dagegen. Mit dem Problem der Strafe und ihrer Rechtfertigung beschäftigt sich Hegel in allen drei Teilen seines Buches. In dem ersten Teil, in dem er das „abstrakte Recht" erörtert, d.h. seine Rechtsphilosophie in engerem Sinn darbietet, widmet er dem Problem der Strafe und ihrer Rechtfertigung den Abschnitt „Unrecht", welcher einundzwanzig Paragraphen umfaßt. Hier werden sämtliche Grundideen seiner Straftheorie dargelegt und begründet, und der Utilitarismus wird kritisiert. Im zweiten Teil, der der Moralität gewidmet ist, setzt sich Hegel auch mit der Frage der Verantwortlichkeit auseinander, die mit dem Problem der Strafe zusammenhängt. Im dritten Teil, in welchem er seine soziale und politische Philosophie entfaltet, widmet Hegel einen ganzen Abschnitt von zehn Paragraphen der Rechtspflege; in diesem Kontext ergänzt und entwickelt er in manchen Einzelheiten seine früher geäußerten Gedanken zum Problem der Strafe.

Daher ist es begreiflich, daß diejenigen, die über Hegels Straftheorie ge-
schrieben haben — von DYDE (1898) bis COOPER (1971), STILLMAN (1976) und
MITIAS (1978) — diese Theorie hauptsächlich auf Grund der *Rechtsphilosophie*
dargelegt und interpretiert haben. Ansonsten war dieses Werk der grundlegende Text für alle Forscher und Kommentatoren der Hegelschen reifen
Moral-, Rechts- und Staatsphilosophie im Laufe von fast anderthalb Jahr-
hunderten.

In den letzten zehn Jahren ist jedoch für die Untersuchung dieses Teils von
Hegels System hochbedeutendes neues Material zugänglich geworden. In
den frühen siebziger Jahren veröffentlichte KARL-HEINZ ILTING eine mehrbän-
dige Ausgabe von Hegels Aufzeichnungen für seine Vorlesungen über
Rechtsphilosophie sowie Mitschriften dieser Vorlesungen durch Studenten;
dieses Material erstreckt sich über einen Zeitraum von ca. fünfzehn Jahren,
von der ersten Vorlesung über dieses Thema, die Hegel 1818/19 in Berlin
hielt, bis hin zu den wenige Tage vor dem Tod des Philosophen gehaltenen
Vorlesungen. Diese Ausgabe ist noch nicht abgeschlossen.[1] In jüngerer Zeit
hat DIETER HENRICH eine weitere Nachschrift von Hegels Vorlesungen über die
Rechtsphilosophie von 1818/19 herausgegeben,[2] während eine Nachschrift
seiner ersten voll ausgebauten Vorlesungsreihe zum Thema, eine Art „Ur-
Rechtsphilosophie" — gehalten in Heidelberg 1817/18 — von einer Gruppe
von Forschern am Hegel-Archiv der Ruhr-Universität veröffentlicht wurde.[3]
Diese Ausgaben sind ungemein wichtig für das Verständnis der Entwicklung
von Hegels Staats- und Rechtsphilosophie und deren Verhältnis zum histori-
schen und politischen Kontext; man darf damit rechnen, daß sie in der
weiteren Diskussion über einige entscheidende Fragen der Deutung und
Wertung dieses Teils von Hegels Philosophie eine bedeutende Rolle spielen
werden. Was aber das Problem der Strafe anbelangt, bringen diese Materia-
lien nichts radikal Neues; sie enthalten jedoch eine Fülle von Betrachtungen
und Analysen, die die Auslegungen der Straftheorie in der *Propädeutik, Enzyklopädie* und *Rechtsphilosophie* in manchen Einzelheiten erhellen, klären, präzi-
sieren oder ergänzen. Daher ermöglichen sie eine präzisere, vollständigere
und insofern treuere Rekonstruktion und Interpretation der Hegelschen
Straftheorie, als dies früher möglich war.

---

[1] G. W. F. Hegel: *Vorlesungen über Rechtsphilosophie 1818—1831*. Hrsg. v. K.-H. Ilting.
4 Bde. Stuttgart 1973—1974.
[2] G. W. F. Hegel: *Philosophie des Rechts*. Hrsg. v. D. Henrich. Frankfurt a. M. 1983.
[3] G. W. F. Hegel: *Vorlesungen über Naturrecht und Staatswissenschaft*. Hrsg. v. C. Becker
et al. Einl. v. O. Pöggeler, Hamburg 1983.

2. Einige Grundsätze der Rechtsphilosophie

Der Boden des Rechts ist nach Hegel „überhaupt das *Geistige*, und seine nähere Stelle und Ausgangspunkt der Wille".[4] Noch genauer: die Sphäre des Rechts ist die Sphäre der Beziehung zwischen dem Willen des Einzelnen und des allgemeinen Willens.[5] Für den Willen ist es wesentlich, daß er frei ist, daß „die *Freiheit* des Willens [...] seinen Begriff oder Substantialität, seine Schwere so ausmacht, wie die Schwere die Substantialität des Körpers."[6] Darum ist auch das Reich des Rechts das Reich der Freiheit: „Der *Wille* [ist] frei, so daß die Freiheit seine Substanz und Bestimmung ausmacht, und das Rechtssystem das Reich der verwirklichten Freiheit, die Welt des Geistes aus ihm selbst hervorgebracht, als eine zweite Natur, ist".[7] Diese Bestimmung des Willens als eines freien, ist zugleich die Grundbestimmung der Natur des Menschen.[8]

Zwar haben viele Denker die Willensfreiheit des Menschen bestritten oder sogar völlig geleugnet; sie haben sich auf die Umstände berufen, in denen der Mensch handelt, auf äußere Beweggründe, und behauptet, daß diese Umstände und Beweggründe das sind, was das Verhalten des Menschen bedingt, während sich der Wille diesen gegenüber nur passiv, rezeptiv verhält. Im Gegensatz zu diesem Determinismus hebt Hegel hervor, daß der menschliche Wille auch in seinem Verhältnis zu den Umständen und Beweggründen im wesentlichen aktiv ist, daß gerade er der aktive, bestimmende Faktor ist:

„Man drückt sich wohl so aus: mein Wille ist von diesen *Beweggründen*, *Umständen*, Reizungen und Antrieben bestimmt worden. Dieser Ausdruck enthält zunächst, daß ich mich dabei passiv verhalten habe. In Wahrheit aber habe ich mich nicht nur passiv, sondern auch wesentlich activ dabei verhalten, darin nämlich, daß mein Wille diese Umstände als Beweggründe aufgenommen hat, sie als Beweggründe gelten läßt. Das Causalitätsverhältnis findet hierbei nicht statt. Die Umstände verhalten sich nicht als Ursachen und mein Wille nicht als Wirkung derselben. Nach diesem Verhältnis muß, was in der Ursache liegt, nothwendig erfolgen. Als Reflexion aber kann ich über jede Bestimmung hinausgehen, welche durch die Umstände gesetzt ist. Insofern der Mensch sich darauf beruft, daß er durch Umstände, Reizungen u.s.f. verführt worden sei, so will er damit die Handlung gleichsam von sich wegschieben, setzt sich aber damit nur zu einem unfreien oder Naturwesen

---

[4] Rph. § 4.
[5] Prop. 25.
[6] Rph. § 7. Vgl. ib. § 4 Z.
[7] Ib. § 4.
[8] Prop. 49. Vgl. ib. 55.

herab, während seine Handlung in Wahrheit immer seine eigene, nicht die
eines Anderen oder nicht die Wirkung von etwas außer ihm ist. Die Umstände oder Beweggründe haben nur so viel Herrschaft über den Menschen,
als er selbst ihnen einräumt."[9]

Unter Willensfreiheit werden eigentlich zwei verschiedene Dinge verstan-
den. In der Umgangssprache bedeutet Willensfreiheit, daß der Mensch tun
und lassen kann, was er will; die Freiheit in diesem Sinne bezeichnet Hegel als
„Willkür", oder als „relative", „formelle" Freiheit. Wenn der Wille in diesem
Sinne frei ist, bezieht er sich auf etwas Besonderes, Beschränktes, von außen
Gegebenes: die Willkür „hat ein beschränktes Interesse und nimmt ihre
Bestimmungen her aus natürlichen Trieben und Neigungen."[10] Ihre Freiheit
liegt darin, daß sie unter solchen Bestimmungen wählen kann, so daß sie der
einen gegenüber aufgeschlossen ist und sie akzeptiert, während sie die andere verwirft, und dabei kann sie sich grundsätzlich über jegliche solche
Bestimmung emporheben. „In diesem Elemente des Willens liegt, daß ich
mich von allem losmachen, alle Zwecke aufgeben, von allem abstrahieren
kann. Der Mensch allein kann alles fallen lassen, auch sein Leben: er kann
einen Selbstmord begehen. Das Tier kann dieses nicht; es bleibt immer [. . .] in
einer ihm fremden Bestimmung, an die es sich nur gewöhnt."[11] Jedoch
besteht die andere Seite der Willkür darin, daß die Inhalte, unter denen der
Wille eine Wahl trifft, denen gegenüber er sich aufschließt, die er annimmt,
und die ihn insofern bestimmen, in Bezug auf den Willen etwas Äußerliches,
Fremdes sind — etwas, was in Gestalt von Trieben und Neigungen erscheint.
Daher ist die Freiheit des Menschen als Willkür nur die Freiheit des Menschen als eines Naturwesens. Seine wahre Freiheit ist etwas anders: die
„absolute" Freiheit, wenn der Wille nichts Äußerliches, Fremdes, sondern nur
sich selbst zum Gegenstand hat — wenn er als „reiner" Wille erscheint, der
nichts anderes will als seine eigene Freiheit.[12]

Ein solcher Wille ist der „allgemeine Wille". Er drückt die Bedingungen aus,
unter welchen die gemeinsame Existenz der Einzelnen als Subjekten der
Willkür möglich ist. Jedoch bedeutet dies keineswegs, daß der Gemeinwille
irgendeine Summe oder Resultante der Willkür aller Einzelpersonen für sich
darstellt. Ebenso wie ROUSSEAU darauf bestanden hatte, daß der allgemeine
Wille nicht der empirische „Wille aller" sei,[13] faßt Hegel den allgemeinen
Willen als etwas auf, das nicht identisch ist mit einer Summierung von

[9] Ib. 44—45. Vgl. ib. 215; Rph. § 11 Z.
[10] Prop. 49.
[11] Rph. § 5 Z.
[12] Prop. 27—28, 47—49; Enz. §§ 469, 476—481; Rph. §§ 5—24, 15 Z, 21 Z.
[13] J. J. Rousseau: Der Gesellschaftsvertrag. Übers. v. H. Denhardt. Leipzig s. a. 31.

Einzelwillen. Andererseits aber ist der Unterschied zwischen dem Gemeinwillen und der Willkür nicht der zwischen dem Willen des Einzelnen und einem in Bezug auf den Einzelwillen transzendenten Kollektivwillen. Er trifft diese Unterscheidung — wie KANT vor ihm — *innerhalb* des Willens der Einzelnen. Sie ist, ebenso wie bei KANT, in einer dualistischen Auffassung des Menschen begründet: in der Auffassung des Menschen als eines Naturwesens, das Instinkten, Trieben, Leidenschaften unterliegt, und, andererseits, als eines geistigen Wesens, das mit Vernunft und Fähigkeit zur Bestimmung und Handlung in Einklang mit den Forderungen der Sittlichkeit und des Rechts ausgestattet ist. Als Naturwesen ist der Einzelne ein Subjekt der Willkür, seinem individuellen Wünschen und Wollen zugewandt, verschieden von den anderen, manchmal in Widerstreit mit diesen; jedoch ist in ihm, als in einem vernünftigen Wesen, gleichzeitig auch der Gemeinwille verankert als ebenfalls sein eigener Wille — sein vernünftiger und daher „wahrer" Wille, und als etwas, was ihm mit den anderen gemeinsam ist. „Die Besonderheit oder Einzelheit des Menschen steht der Allgemeinheit des Willens nicht im Wege, sondern ist ihr untergeordnet," sagt Hegel. „Eine Handlung, die rechtlich oder moralisch oder sonst vortrefflich ist, wird zwar von einem Einzelnen gethan, alle aber stimmen ihr bei. Sie erkennen also sich selbst oder ihren eigenen Willen darinnen."[14]

Selbstverständlich steht die Willkür des Menschen nicht immer in Einklang mit seinem „wahren" Willen. In jedem ihrer Widersprüche sollte letzterer überwiegen, damit er die erstere unterwirft und einschränkt. Der Zusammenstoß dieser zwei Willen, der mit dem Sieg des wahren, allgemeinen Willens und mit dem Bezwingen der Willkür endet, ist nicht eine Niederlage des Einzelnen und der Sieg einer ihm entgegengesetzten Kraft, sondern gerade die „Befreiung" des Einzelnen von dem, was in ihm subjektiv, vergänglich und minderwertig ist, und die Affirmation dessen, was in ihm selber höher, wertvoller, objektiv, dauernd und vernünftig ist. Im Gegensatz zu der sehr verbreiteten Meinung, daß der Einzelne nur dann wirklich frei sei, wenn er tun könne, was er will, und daß er, wenn er seine Ansprüche, Wünsche und Leidenschaften den Forderungen der Sittlichkeit und des Rechts unterwerfe, damit auch seine Freiheit einschränke, ist er nach Hegel (wie auch nach KANT) nur dann wahrhaft frei, frei auf eine dem Menschen als einem vernünftigen Wesen angemessene Art und Weise, wenn er seine Triebe, Wünsche und Interessen den Anforderungen der Vernunft unterwirft und so handelt, wie er handeln soll.[15]

---

[14] Prop. 46.
[15] Vgl. W. B. *Wines: On Hegel's Idea of the Nature and Sanction of Law*. In: The Journal of Speculative Philosophy. 18 (1884), 9—20. 13—14.

Der allgemeine Wille wird in den Gesetzen objektiviert, insofern als sie mit der Vernunft in Einklang stehen.[16] Die Gesetze gebieten, „daß jeder Einzelne von dem Anderen als ein freies Wesen respectirt und behandelt werde, denn nur insofern hat der freie Wille sich selbst im Andern zum Gegenstand und Inhalt."[17] Den Anderen als freies Wesen anerkennen bedeutet, ihn als eine Person zu behandeln; demzufolge lautet das grundlegende Prinzip des Rechts: „Es soll Jeder von den Andern als Person betrachtet werden," das bedeutet „die Persönlichkeit und das daraus Folgende *nicht* [zu] *verletzen.*"[18] Daraus geht hervor, daß jede Handlung, die die Freiheit des anderen nicht einschränkt, mit dem Recht in Einklang steht; hingegen ist jede Handlung, welche die Freiheit des Mitmenschen in Abrede stellt, sie begrenzt und mit Füßen tritt, wodurch der andere mißachtet und nicht als Person behandelt wird, rechtswidrig und ungerecht.[19]

Es ist allerdings eine unbestreitbare Tatsache, daß es auch solche Gesetze gibt, die es gestatten, Menschen nicht als Personen zu behandeln, sondern als Sachen; solche sind zum Beispiel die Gesetze, die die Sklaverei erlauben. Obwohl solche Gesetze positiv gültig sind, haben sie in einem wesentlicheren, tieferen, philosophischen Sinn keine Legitimität und drücken den allgemeinen Willen nicht aus, weil sie der Vernunft und der absoluten Gerechtigkeit zuwider laufen.[20] Durch das Existieren der Sklaverei wird der Begriff des Menschen verletzt, und „es liegt in der Natur der Sache, daß der Sklave ein absolutes Recht hat, sich frei zu machen."[21] Ebenso ungerecht und illegitim sind Gesetze, die einen Menschen auf Grund seines Standes, seiner Konfession oder nationalen Zugehörigkeit in einem geringeren Maß als Person anerkennen als irgendeinen anderen. Die Weltgeschichte ist ihrem Wesen nach nichts anderes als ein fortschreitendes Bewußtwerden der Freiheit; die bedeutendste Errungenschaft der gesamten Weltgeschichte und das grundlegende Prinzip der Neuzeit ist die Erkenntnis, daß der Mensch *als Mensch* frei ist. Die Forderung nach Gleichheit der Menschen vor dem Gesetz ist, nach Hegel, schon in dem grundlegenden Prinzip des Rechts verankert.

3. Das Unrecht

Die Gesetze, welche die Person eines jeden Einzelmenschen, d.h. seine Freiheit, seine Rechte schützen, sind nicht in der Art notwendig wie etwa die

---

[16] Prop. 71.

[17] Ib. 55.

[18] Ib. 56; Rph. § 38.

[19] Prop. 55—58, 217; Enz. §§ 483—486; Rph. §§ 27—30, 34—38, 35 Z.

[20] Prop. 56—57, 71.

[21] Rph. §§ 2 Anm, 66 Z. Vgl. ib. §§ 57 Anm, 66.

Naturgesetze, nach welchen z.B. unser Planet nicht von seiner Bahn abweichen kann. Der Mensch, als ein mit Freiheit (im Sinne von Willkür) ausgestattetes Wesen, kann die Gesetze achten, aber auch übertreten, und dies tut er auch manchmal, indem er die Freiheit und das Recht seines Mitmenschen beeinträchtigt. Das Übertreten des Gesetzes ist Unrecht. Es hat drei verschiedene Erscheinungsformen: unbefangenes Unrecht, Betrug und Verbrechen.

Beim unbefangenen Unrecht liegt bei dem, der ein solches Unrecht begeht, kein böser Wille vor. Er erkennt das Gesetz an und will es nicht übertreten; im Gegenteil, er will das verwirklichen, wozu er, nach seiner Meinung, laut diesem Gesetz berechtigt ist. Er befindet sich jedoch hinsichtlich dieser seiner Überzeugung im Irrtum; tatsächlich hat er dieses Recht nicht, es gehört einem anderen, und er verletzt eigentlich das Recht dieses anderen, wie auch das Gesetz, das diesem anderen dieses Recht verbürgt.

Im Falle der zweiten Art von Unrecht, Betrug, besteht ein böser Wille bei dem, der das Gesetz übertritt. Bewußt und mit Absicht verletzt er das Recht des anderen, wie auch das Gesetz selbst. Er tut dies aber nicht offen, vielmehr betrügt er den anderen. Derjenige, dessen Recht so mit Füßen getreten wurde, glaubt, es werde respektiert. Das Gesetz selber wird dabei zu Schein und einem bloßen Mittel des widerrechtlichen Interesses und bösen Willens des Betrügers herabgesetzt.

Die dritte Art von Unrecht ist das Verbrechen. Nicht nur, daß der Verbrecher das Recht seines Mitmenschen und das Gesetz, das dieses Recht verbürgt, nicht anerkennt, sondern er verstellt sich dabei nicht einmal, täuscht nichts vor, vielmehr tritt er öffentlich fremdes Recht mit Füßen und bricht das Gesetz. Dies tut er nicht wie beim Betrug mit Einverständnis des getäuschten Opfers, sondern ohne dessen Billigung und gegen dessen Willen. Daher ist der Wille des Verbrechers nicht nur böse, sondern auch gewalttätig.

Der Täter des unbefangenen Unrechts verletzt das Gesetz nicht bewußt und mit Absicht, sondern, im Gegenteil, er erkennt es an; das Unrechtmäßige seines Verfahrens geht daraus hervor, daß er sich hinsichtlich der Implikation des Gesetzes in seinem Fall im Irrtum befindet, und so verletzt er ein bestimmtes Recht des anderen. Deshalb wird diese Art von Unrecht nicht bestraft. Dies gehört zum Zivilrecht und die Konflikte, die sich aus solchem Unrecht ergeben, werden im Zivilverfahren beigelegt.

Bei Betrug und Verbrechen — im weiteren Text kurz als „Verbrechen" bezeichnet — ist die Situation wesentlich anders; hier ist das Recht des anderen, wie auch das Gesetz selbst, woraus dieses Recht hervorgeht, bewußt und absichtlich gebrochen worden. Hier ist als „das Recht als Recht", „das Allgemeingültige", „die allgemeine Sache", der allgemeine Wille, die ganze Gemeinschaft verletzt worden. Deswegen sind Betrug und Verbrechen Gegenstand des Strafrechts.[22]

Die Kommentatoren und Kritiker der Hegelschen Strafrechtstheorie haben eine solche Art der Unterscheidung von Zivil- und Strafrecht in Abrede gestellt,[23] insbesondere aber Hegels Behauptung, daß mit der kriminellen Rechtsübertretung nicht nur das bestimmte subjektive Recht eines Einzelnen verletzt wird, sondern auch das Recht als solches, das Recht schlechthin. Diese Behauptung, sagt z.B. HEINRICH OPPENHEIMER, „ist auf einer terminologischen Konfusion begründet. ‚Unrecht' als Adjektiv gebraucht, bezeichnet das Gegenteil des Adjektivs ‚recht', woraus das abstrakte Substantiv ‚Recht' gebildet wird als Synonym für Gerechtigkeit. Ein ‚Unrecht', d.h. ein gesetzwidriges Vorgehen, ist die Verletzung eines ‚Rechts', der rechtlichen Bemächtigung oder Befugnis einer gewissen Person. Durch die Doppeldeutigkeit der Wörter ‚recht' und ‚unrecht' irregeführt, verwechselt Hegel ihre verschiedenen Bedeutungen. So wird das Verbrechen, weil es die gewichtigste Form des ‚Unrechts' ist, als Angriff nicht nur gegen irgendein ‚Recht', d.h. gegen ein besonderes Recht, sondern gegen das Recht *in abstracto*, gegen die Gerechtigkeit, gegen das Gesetz als Gesetz, aufgefaßt. [...] Indem er behauptet, daß der Verstoß gegen eine straflich sanktionierte Regel nach Implikation auf eine Verleugnung des gesamten Systems der Gesetze hinauslaufe, verstößt Hegel gegen eine der elementarsten Regeln der Logik, die den Schluß vom Besonderen auf das Allgemeine, die Verallgemeinerung auf Grund einer einzigen konkreten Tatsache, verbietet. [...] Gewiß ist so ein Standpunkt grotesk, der in jedem Elenden der die Anklagebank in Old Bailey schuldig gesprochen verläßt, einen Prometheus sieht, der sein Haupt erhebt um der olympischen Vernunft Trotz zu bieten."[24]

Doch Hegel hat hier trotzdem recht. Es ist richtig, daß eine Übertretung des Gesetzes in erster Linie die Verletzung des Rechts einer bestimmten Person bedeutet. Ebenso ist es richtig, daß der Täter, der ein bestimmtes Recht einer bestimmten Person verletzt, dabei nicht die Absicht haben muß, dasselbe Recht anderen Personen abzustreiten, oder das Gesetz selbst anzugreifen, woraus dieses Recht hervorgeht. Jedoch darf man daraus nicht den Schluß ziehen, daß es dies nicht tut. Das bestimmte Recht der bestimmten

---

[22] Prop. 56—67, 219; Enz. §§ 497—499; VNSW 44—47, 50—51, 145—146; PR 84—86, 176—177; Rph. §§ 83—89, 95, 83 Z, 86 Z, 87 Z, 89 Z, 90 Z; VRP Bd 1, 274, 317—318. Bd 3, 661. Bd 4, 266—270, 276—277, 548. — Zum Betrug, dessen Ähnlichkeit und Unterschieden zum Verbrechen nach Hegels engerem Verständnis vgl. *P. P. Nicholson: Hegel on Crime.* In: History of Political Thought. 3 (1982), 103—121. 114—116.
[23] Vgl. *O. K. Flechtheim:* o. c. 78—82.
[24] *H. Oppenheimer: The Rationale of Punishment.* London 1913. 212—213.

Person existiert nicht nur an sich, gleichsam in einem rechtlichen und moralischen Vakuum: es ist bloß ein Einzelfall des Rechts, das den Menschen auf
Grund eines allgemeinen Gesetzes zukommt. Es hängt mit diesem Gesetz
logisch zusammen, so daß es ohne Berufung auf das Gesetz nicht als bestimmtes Recht einer bestimmten Person identifizierbar ist. Dieses Recht
kann nicht verletzt werden, ohne dadurch auch das Gesetz, worauf es beruht, zu verletzen. Dieses Gesetz wiederum ist ein integraler Bestandteil des
Rechtssystems, innerhalb dieses Systems mit anderen Gesetzen verbunden,
und gründet zusammen mit allen übrigen Gesetzen in den Grundprinzipien
des Systems. „In einem Recht in der bürgerlichen Gesellschaft [...] werden
alle Gesetze verletzt," sagt Hegel, „denn das Recht ist hier kein particuläres,
kein bloß ansichseiendes, sondern es ist gesetzt. Mein Leben ist ein von der
Gesellschaft anerkanntes, ein Berechtigtes, und wird es verletzt, wird die
ganze Gesellschaft verletzt."[25] Daher müssen wir, wenn wir glauben, daß die
Verletzung des Rechtssystems ein Akt prometheischer Auflehnung ist, dies
auch bei dem elenden Kerl annehmen, der wegen eines unbedeutenden
Diebstahls zu einigen Monaten Gefängnisstrafe verurteilt, nun Old Bailey
verläßt.

Daß Hegel hier recht hat, zeigt auch die Art, wie wir eine Verletzung des
Rechts unseres Mitmenschen erfahren. „Seinem Wesen nach ist Jeder ein
Freier. Durch ihre besonderen Zustände und Eigenheiten sind die Menschen
unterschieden, aber dieser Unterschied geht den abstracten [d.h. allgemei-
nen] Willen als solchen nichts an. Hierin sind sie dasselbe und indem man den
Andern respectiert, respectiert man sich selbst. Es folgt daraus, daß durch die
Verletzung des Rechts eines *Einzelnen Alle* in ihrem Recht verletzt werden. Es
ist dies eine ganz andere Theilnahme, als wenn man nur an dem *Schaden* eines
Andern Theil nimmt. [...] Bei aller Theilnahme trennen wir Unglücksfälle
von uns selbst ab und sehen sie als etwas Fremdes an. Hingegen bei der
Kränkung des Rechts eines Anderen fühlt Jeder sich unmittelbar getroffen,
weil das Recht etwas Allgemeines ist. Also eine Rechtsverletzung können wir
nicht als etwas Fremdes betrachten. Wir fühlen uns durch sie [...] härter
gekränkt."[26]

Eine angemessene und berechtigte Reaktion auf die Rechtsverletzung, zu
der es im Falle eines Verbrechens kommt, ist die Wiedervergeltung.

---

[25] VRP Bd 3, 661.
[26] Prop. 55—56. Vgl. PR 177.

4. Vergeltung, Rache, Strafe

Vergeltung ist etwas, was in Bezug auf den Willen dessen, an dem sie vollzogen wird, Zwang bedeutet. Zwang ist der Gegensatz von Freiheit. Wenn jedoch Freiheit die Substanz des Rechts und seine Bestimmung ist, wenn das System der Freiheit nichts anderes ist als „das Reich der verwirklichten Freiheit" — wie ist es dann möglich, daß Zwang in Einklang mit Recht, gerecht und legitim sein soll?

Abstrakt gesehen ist der Zwang wirklich rechtswidrig, ungerecht, illegitim. Jedoch soll man von Zwang nicht nur abstrakt sprechen, denn er ist etwas Relatives. Er ist wirklich etwas Rechtswidriges und Unzulässiges, wenn er als bloßer Zwang geübt wird, wenn er als „erster", einseitiger Zwang erscheint. Jedoch ist er nicht unbedingt ein solcher: als Reaktion auf bereits ausgeübten Zwang, als „zweiter Zwang", als „Zwang gegen Zwang", ist er gerecht, sogar unentbehrlich. Der erste Zwang enthält bereits die Forderung nach dem zweiten und dessen Rechtfertigung. Der zweite Zwang annulliert, hebt den ersten auf, und stellt das Gesetz wieder her, das durch den ersten Zwang gebrochen ist. Dies ist ein Zwang, welcher „der Würde des freien Wesens nicht widerspricht."[27] Daher folgt aus dem Grundprinzip des Rechts nicht selbstverständlich und unbedingt, „daß kein Mensch gezwungen werden kann," sondern „daß kein Mensch gezwungen werden kann, als nur dazu, den Zwang, den er Andern angethan hat, aufzuheben."[28] Das Verbrechen ist allerdings der erste, einseitige und daher illegitime Zwang. Und die Vergeltung ist *per definitionem* nichts anderes als „der zweite Zwang", „der Zwang gegen Zwang". Sie steht also in Einklang mit dem Recht, ist gerecht und legitim.[29]

Diese These, der Zwang sei legitim, insofern er Erwiderung auf vorher ausgeübten Zwang ist — eine These, die einer der zeitgenössischen Vertreter

---

[27] Prop. 57.
[28] Ib. 56.
[29] Ib. 56—57; Enz. § 501; VNSW 47—50; PR 85; Rph. §§ 92—95; VRP Bd 1, 273. Bd. 3, 293—294, 296—298, 321—322. Bd 4, 270—276. — Hegel glaubte so fest an die Legitimität des Zwangs, sofern dieser als Reaktion auf zuvor ausgeübten Zwang erfolgt, und hielt ihn auch ausschließlich als Reaktion auf vorangegangenen Zwang für legitim, daß er in diesem Sinne sogar den Zwang als Erziehungsmittel sowie den von staatengründenden Heroen ausgeübten Zwang zu deuten und zu rechtfertigen suchte. Der in diesen Fällen primär ausgeübte Zwang, der wiederum die Anwendung von Zwang durch den Erzieher oder durch den Heros bei der Staatsgründung rechtfertigt, liegt in dem „natürlichen", „ungebildeten" Willen des Kindes bzw. des Volkes im Naturzustand beschlossen; dieser Wille ist laut Hegel von Natur gewalttätig (Rph. § 93 Anm. und Z; VRP Bd 3, 295—296. Bd 4, 273—274).

der Vergeltungstheorie der Strafe lapidar ausdrückt, indem er feststellt, daß „moralisch gesprochen, der erste Schlag und der darauf erwiderte Schlag zwei grundverschiedene Dinge sind"[30] — geht aus einer sittlichen Grundhaltung hervor. Dies ist eine Grundhaltung, die im Gegensatz steht zu der des SOKRATES, daß man „weder widerbeleidigen darf, noch irgendeinen Menschen mißhandeln, und wenn man auch, was es immer sei, von ihm erleidet,"[31] zu der PLATONS, „daß es auf keine Weise gerecht sein könne, irgend jemand Schaden zuzufügen,"[32] und auch zu dem Gebot JESU: „ihr sollt nicht widerstreben dem Bösen; sondern, so dir jemand einen Streich gibt auf deinen rechten Backen, dem biete den andern auch dar."[33] Im Gegensatz zu diesem Ethos, den „andern Backen" darzubieten, entscheidet sich Hegel für einen Gesichtspunkt, den er zwar an keiner einzigen Stelle in der *Enzyklopädie*, der *Rechtsphilosophie* oder der *Propädeutik* explizit dargelegt hat, aber in seinen Vorlesungen über Rechtsphilosophie mehrere Male klar formuliert hat: „Gegen das Böse soll der Mensch böse seyn; das Üble soll er übel nehmen, dem Schädlichen Schaden zufügen,"[34] oder, allgemeiner gesagt: „wie Einer es gethan hat, so soll ihm wiedergethan werden; er hat es verdient durch seine Handlung."[35]

Ich glaube, daß WALTER MOBERLY den Sinn dieses Prinzips, das wir vielleicht als Kehrseite der goldenen Regel ansehen könnten, in folgendem Absatz treffend zum Ausdruck gebracht hat: „Der tief verwurzelte Sinn für Fairneß, der sich gegen die Bestrafung des Unschuldigen auflehnt, empört sich zugleich auch gegen jegliche Behandlung des Schuldigen, die zwischen Schuld und Unschuld offenbar keinen Unterschied macht. Man empfindet es als unfair, daß die schwere Schuld eines Menschen keinerlei Auswirkung auf die ihm widerfahrende Behandlung haben soll und daß er ebenso gut behandelt werden soll, als wenn er nichts Böses getan hätte. Es ist vernünftig, daß wir anderen gegenüber so verfahren, wie wir wünschen, daß sie uns gegenüber verfahren. Aber umgekehrt ist es recht und billig, daß das Verfahren anderer uns gegenüber durch unser vorangegangenes Verhalten ihnen gegenüber positiv oder negativ beeinflußt wird."[36]

---

[30] K. G. Armstrong: The Retributivist Hits Back. In: H. B. Acton (ed.): The Philosophy of Punishment. London 1969. 138—158. 157.

[31] Crito 49c. In: *Platon: Werke in acht Bänden*. Übers. v. F. Schleiermacher. Hrsg. v. G. Eigler. Darmstadt 1973. Bd 2.

[32] Resp. 335e. Ib. Bd 4.

[33] Matth. 5, 39. Übers. v. M. Luther.

[34] VRP Bd 1, 274.

[35] Ib. Bd 3, 319. Vgl. ib. Bd 2, 367. Bd 4, 292; PR 88.

[36] W. Moberly: The Ethics of Punishment. London 1968. 80—81.

Hegel ist überzeugt, daß das allgemeine sittliche Bewußtsein mit ihm an diesem Punkt voll und ganz übereinstimmt. Wie einer getan hat, so soll ihm wiedergetan werden — dies ist kein bloßes philosophisches Prinzip, sondern die Antwort, die der Mann auf der Straße auf diese Frage wohl geben dürfte. An diesem Punkt hat der gesunde Menschenverstand recht, meint Hegel, und die Philosophie hat sich an sein Urteil zu halten.[37]

Die Vergeltung ist ihrem Begriff nach ein Akt der Reziprozität, also etwas, was derjenige, dem sie widerfährt, auch verdient — demnach auch gerechtfertigt, legitim. Sie erscheint in zwei Formen: als Rache und als Strafe. Die Rache ist Vergeltung, die derjenige ausübt, der verletzt worden ist. Da sie Wiedervergeltung ist, ist sie im Prinzip auch gerecht — nämlich dann, wenn sie in richtiger Proportion zum erlittenen Unrecht steht. So war zum Beispiel die Rache des Orestes gerecht.[38] Im Naturzustand, wo es weder Staat noch Gericht gibt, ist die Rache die einzige Art, der Gerechtigkeit Genüge zu leisten; deshalb ist sie in einem solchen Zustand unumgänglich. Sie ist aber in zweierlei Hinsicht mangelhaft und problematisch. Erstens ist die Rache sehr oft keine angemessene, keine objektiv, unbefangen, ausschließlich nach dem Maß des widerfahrenen Übels ausgeübte Vergeltung, denn sie wird von der verletzten Partei vollzogen, die so die Rolle des Richters in eigener Sache übernimmt. Derjenige aber, der verletzt worden ist, erlebt das widerfahrene Übel subjektiv, häufig unter dem Einfluß von Gefühlen und Leidenschaften, so daß durch seine Rache „das Recht getrübt wird", d.h. man trifft nicht das richtige, gerechte Maß der Vergeltung, man vergilt vielmehr das erlittene Übel mit einem noch größeren. Zweitens, da die Rache „nicht in der Form rechtens" ist, vielmehr aus subjektiven Beweggründen ausgeübt wird, erlebt derjenige, an dem sie vollzogen wird, die Rache nicht als einen legitimen Akt einer überindividuellen Autorität, sondern einfach als Verletzung, worauf er dann mit einer neuen Verletzung erwidert. Statt einer wiederhergestellten Gerechtigkeit, die zur Versöhnung führen würde, kommt es so zu einer ganzen Kette von Verletzungen und Reaktionen darauf, die kein Ende finden. „Bei ungebildeten Völkern ist die Rache eine unsterbliche," sagt Hegel, „wie bei den Arabern, wo sie nur durch höhere Gewalt oder Unmöglichkeit der Ausübung unterdrückt werden kann."[39]

Im Gegensatz zur Rache ist die Strafe nach der Form wie auch nach dem Inhalt gerecht. Sie ist Vergeltung, die „durch einen allgemeinen Willen und im Namen derselben vollbracht wird", und so wird in ihr die vom „subjektiven

---

[37] VPR Bd 2, 367. Bd 3, 319. Bd 4, 286. Vgl. Rph. § 101 Anm.
[38] G. W. F. Hegel: Vorlesungen über die Ästhetik. Bd 1. SW Bd 12, 253.
[39] Rph. § 102 Z.

Interesse und Gestalt" befreite Gerechtigkeit verwirklicht.[40] Sie „macht das allgemeine festgesetzte Recht gegen das Verbrechen geltend und übt sich durch ihre Organe der öffentlichen Gewalt, durch Gericht und Richter, welche als Person das Accidentelle sind, nach allgemeinen Normen aus."[41] Der Richter, der die Strafe verhängt und deren Maß festsetzt, „muß kalt sein, kein Herz, kein Gemüth und nur das Interesse haben, daß die Gesetze geschehen."[42] Strafe ist also Vergeltung ohne die beiden Einschränkungen, welche die Rache in Frage stellten: durch sie kann die Gerechtigkeit verwirklicht werden, sowohl auf eine richtige Weise als auch in einem richtigen Maß. Deshalb ist die Rache dort, wo die Institution der Bestrafung besteht, weder nötig noch zulässig.[43]

5. Zwei Arten von Rechtfertigung der Strafe

Hegel gründet seine retributivistische Rechtfertigung der Strafe auf dreierlei Argumentation: er bezieht sich (1) auf die Natur des Verbrechens und auf das dadurch verletzte Gesetz, (2) auf die Beziehung der Strafe zum allgemeinen Willen und (3) auf deren Beziehung zum empirischen Willen des Verbrechers. In seiner Untersuchung von Hegels Theorie unterscheidet Ossip K. Flechtheim zwischen objektiver und subjektiver Rechtfertigung der Strafe, wobei er die ersten beiden Argumente der objektiven, das letzte der subjektiven zuordnet.[44] Zugunsten dieser Einteilung ließe sich anführen, daß der allgemeine Wille im Unterschied zum empirischen Einzelwillen, der subjektiv ist, doch wohl als etwas Über-Individuelles, Allgemeines und Objektives erscheint. Allerdings ist er keineswegs einfach und ausschließlich allgemein und objektiv; so erscheint er nur, wenn man sich auf seine Unterschiede zum empirischen Einzelwillen konzentriert und von den beide verbindenden Aspekten absieht. Gewiß unterscheidet sich der allgemeine Wille für Hegel wie für die Philosophen des Gemeinwillens vor ihm, von denen sein Denken an diesem Punkt beeinflußt ist (Rousseau, Kant), prinzipiell vom empirischen Willen des Einzelnen; doch ist dieser Wille nicht nur objektiv und dem zelnen übergeordnet, sondern gleichzeitig in ihm fest verwurzelt. Dies

---

[40] Prop. 218; Rph. § 103.

[41] G. W. F. Hegel: Vorlesungen über die Ästhetik. L. c.

[42] VRP Bd 4, 556.

[43] Prop. 68—69, 218; Enz. § 500; VNSW 55, 57—58; PR 89—90, 178; Rph. §§ 102—103, 219—220, 101 Z, 102 Z; VRP Bd 1, 154, 156, 278—279, 319. Bd 3, 322—325, 668—671. Bd 4, 293—295, 556—557.

[44] Siehe O. K. Flechtheim: o. c. 95—102; Die Funktion der Strafe in der Rechtsphilosphie Hegels. 17—18.

wird verständlich in Anbetracht des wesentlichen Zwecks, den die Lehre vom
Gemeinwillen hat: sie soll eine Brücke schlagen zwischen dem Individuellen
und dem Kollektiven und die Legitimität verschiedener Arten von Zwang,
die der Staat auf das Individuum ausübt, aufweisen. Dies wird dadurch
erreicht, daß dieser Zwang als etwas gedeutet wird, was dem Einzelnen nicht
völlig fremd von außerhalb aufoktroyiert wird, sondern in gewisser Weise
seinen eigenen Willen zum Ausdruck bringt. Daher wäre es wohl richtiger,
die Deutung der Strafe als Ausdruck des allgemeinen Willens unter die
subjektive Rechtfertigung einzuordnen. Dies geht auch besser mit Hegels
eigenen Äußerungen zum Thema zusammen.[45]

Dieses Bestreben Hegels, die Strafe sowohl im objektiven wie auch im
subjektiven Sinn zu rechtfertigen, ist keineswegs zufällig; auch ist es kein
Ausdruck seines Zweifels an der Richtigkeit und Überzeugungskraft der
einen oder der anderen Rechtfertigung und des konsequenten Bedürfnisses
nach einem ergänzenden Argument. Im Gegenteil, hier kommen die Motive
der gesamten Hegelschen Philosophie des objektiven Geistes zur Geltung.
Hegel setzt sich in der *Rechtsphilosophie* an einigen Stellen kritisch mit PLATONS
politischer Philosophie auseinander, und eben in dieser Gegenüberstellung
zu PLATON hebt er eines der grundlegenden Prinzipien seines eigenen Standpunktes hervor. Sein wesentlichster Einwand, den er gegen PLATON vorbringt, besteht darin, daß dieser das Prinzip der Subjektivität nicht anerkenne, d.h. daß es in seinem Staat keinen Platz für den Einzelnen gebe — für
die Selbständigkeit, Freiheit, Rechte des Einzelnen. PLATON besteht nämlich so
sehr auf der moralischen, rechtlichen und politischen Überlegenheit der Polis
über den Einzelnen, daß sich dieser gänzlich der Polis unterwirft, darin
untertaucht, so daß von seiner Selbständigkeit und Freiheit der Polis gegenüber und von irgendwelchem subjektiven Rechte überhaupt keine Rede sein
kann.[46] Nach Hegels Einschätzung stellt dieser einseitige und übertriebene
Kollektivismus die philosophische Formulierung der politischen Erfahrung
der PLATONischen Zeit dar und ist historisch endgültig überholt. Philosophisch betrachtet, zeigt sich die Weltgeschichte als ständiger Fortschritt im
Bewußtsein der Freiheit, das in deren letzter, der christlich-germanischen
Epoche endlich Oberhand gewonnen hat über die Prinzipien der Autorität,
Kollektivität, Tradition. Aufbauend einerseits auf der Lehre von der vor-
nehmlichen Autorität der individuellen Überzeugung und des Gewissens,
welche von der Reformation behauptet wurde, andererseits auf der gesam-

---

[45] Siehe infra, 54.
[46] Rph. Vorrede. 13—14; §§ 46 Anm, 185 Anm, 206, 262 Z, 299 Anm; *Vorlesungen
über die Geschichte der Philosophie.* Bd 2. SW Bd 18. 277—278, 288—295. Siehe auch M.
B. Foster: *The Political Philosophies of Plato and Hegel.* Oxford 1968. 72—109.

ten rationalistischen und aufklärerischen Tradition in der Philosophie, und
insbesondere auf ROUSSEAUS und KANTS Lehre von der Autonomie, sagt Hegel,
daß „das Prinzip der modernen Welt fordert, daß was jeder anerkennen soll,
sich ihm als ein Berechtigtes zeige."[47] Deshalb lautet eines der Grundprinzipien seiner Philosophie, daß es „das *Recht* des *subjektiven Willens* ist, daß das,
was er als gültig anerkennen soll, von ihm *als gut eingesehen* werde."[48] Indem er
jedoch den einseitigen Kollektivismus, dessen klassischer Vertreter PLATON
war, ablehnt, ist Hegel nicht bereit, sich zum konsequenten Individualismus
zu bekennen, von dem er glaubt, daß er in ROUSSEAUS *Gesellschaftsvertrag* zum
Ausdruck gebracht werde, und laut dem, wenn es sich um Staat und Recht
handelt, der Wille „nicht als an und für sich seiender, vernünftiger [...]
sondern als *besonderes* Individuum, als Wille des Einzelnen in seiner eigentümlichen Willkür, die substantielle Grundlage und das Erste sein soll."[49] Denn
dieser Individualismus könne die überindividuelle „Autorität und Majestät"
des Staates nicht erklären, und seine praktische Folge ist ein wahnsinniger
Terror gleich jenem, den die Jakobiner ausgeübt hätten.[50] Deshalb insistiert
Hegel zwar auf dem „Prinzip der Subjektivität" im Gegensatz zum einseitigen
Kollektivismus, jedoch erkennt er dieses Prinzip nicht als das einzige und
höchste an. Was als allgemeingültig anerkannt werden soll, muß vom Gesichtspunkt des individuellen Willens, individuellen Urteils, individuellen
Bewußtseins gerechtfertigt werden; dies bedeutet jedoch nicht, daß eine
solche Rechtfertigung genügend ist, und daß bei einer Kollision zwischen
dem individuellen und dem allgemeinen Urteil, das erstere die Oberhand
gewinnen, das zweite aber zurücktreten soll. „Das Gewissen ist [...] diesem
Urteil unterworfen, ob es *wahrhaft* ist oder nicht, und seine Berufung nur *auf
sein Selbst* ist unmittelbar dem entgegen, was es sein will, die Regel einer
vernünftigen, an und für sich gültigen allgemeinen Handlungsweise. Der
Staat kann deswegen das Gewissen in seiner eigentümlichen Form, d.i. als
subjektives Wissen nicht anerkennen, so wenig als in der Wissenschaft die
subjektive *Meinung*, die *Versicherung* und *Berufung* auf eine subjektive Meinung, eine Gültigkeit hat", sagt Hegel.[51] „Das Recht, nichts anzuerkennen,
was ich nicht als vernünftig einsehe, ist das höchste Recht des Subjekts, aber

---

[47] Rph § 317 Z. Vgl. ib §§ 124 Anm, 206 Anm.
[48] Ib. § 132. Vgl. ib. § 26 Z.
[49] Ib. § 29 Anm.
[50] Ib. § 258 Anm; *Vorlesungen über die Geschichte der Philosphie.* Bd 2. SW Bd 18. 295; Bd
3. SW Bd 19. 526—529, 639; *Phänomenologie des Geistes.* Hrsg. v. G. Lasson. Leipzig
1928. 414—419.
[51] Rph. § 137 Anm.

durch seine subjektive Bestimmung zugleich *formell*, und das *Recht des Ver-*
nünftigen als des Objektiven an das Subjekt bleibt dagegen fest stehen."[52]
     Mit Rücksicht auf diesen Ausgangspunkt Hegels ist es verständlich, daß
man innerhalb seiner Philosophie für alle staatlichen und Rechtsinstitutio-
nen, für alle besonderen Formen der Macht und des Zwangs nach einer
objektiven Rechtfertigung sucht, die von dem Überindividuellen, Allgemeinen, Objektiven ausgeht, sowie nach einer subjektiven Rechtfertigung, welche das, was gerechtfertigt werden soll, vor dem Gericht des Gewissens,
Urteils und Willens des Subjekts legitimiert. Deshalb ist es begreiflich, daß
man auf eine solche Art an die Strafe herangeht — an eine Institution, die
vielleicht am meisten einer Rechtfertigung bedarf und deren Rechtfertigung
zu formulieren ohne Zweifel schwieriger ist, als die Legitimität der meisten
anderen Einrichtungen und Regeln aufzuzeigen, die Grundpfeiler des Lebens
in Staat und Gesellschaft bilden.

6. Die objektive Rechtfertigung

Die Grundzüge von Hegels objektiver Rechtfertigung der Strafe habe ich
bereits in einem der vorangegangenen Abschnitte dargelegt, in denen von
Hegels Auffassung der Vergeltung die Rede ist. Nun soll diese Rechtfertigung weiter entwickelt werden mit Rücksicht auf die Strafe als eine besondere Form der Vergeltung. Der Ausgangspunkt ist auch hier der Begriff des
Unrechts als des ersten, einseitigen Zwanges, jedoch nun in einer spezifi-
schen Gestalt — in Gestalt des Verbrechens.
     Die Grundbestimmungen des Verbrechens sind laut Hegel die Negativität,
der Schein und die Nichtigkeit. Das Verbrechen „ist nicht ein Erstes, Positives, zu welchem die Strafe als Negation käme, sondern ein Negatives,"[53] d.h.
das Verletzen von jemandes Recht, das Übertreten irgendeines Gesetzes und
in diesem Sinne die Negation dieses Rechts und dieses Gesetzes. Doch als
Negation von Recht und Gesetz ist das Verbrechen einzig und allein im
Zusammenhang mit Recht und Gesetz möglich. Recht und Gesetz sind die
logischen Voraussetzungen für das Verbrechen, so daß an einem Ort, wo es
keinerlei Rechte und gar kein Gesetz gäbe, auch kein Verbrechen möglich
wäre. Durch Negation dessen, was seine notwendige Voraussetzung darstellt, ist das Verbrechen in sich widersprüchlich. Aus demselben Grunde ist
das Verbrechen „Schein"; denn Hegel hat den Begriff des „Scheins" bestimmt
als „das Negative, das ein Sein hat, aber in einem Andern, in seiner Negation;

---

[52] Ib. § 132 Anm. Vgl. ib. § 145 und Z.
[53] Ib. § 97 Z.

er ist die Unselbständigkeit, die [...] nichtig ist."⁵⁴ Weil es ein „Schein" ist, ist das Verbrechen nichtig.⁵⁵

Es geht selbstverständlich nicht darum, daß das Verbrechen im umgangssprachlichen Sinne nichtig wäre. In diesem Sinne ist das Verbrechen, im Gegenteil, etwas sehr Reales, seine Auswirkungen sind häufig ganz handgreiflich, wie zum Beispiel beim Diebstahl oder Mord. Hegel hat eine Nichtigkeit ganz anderer Art vor Augen: „Nichtigkeit" in vornehmlich wertendem Sinne. Das Verbrechen ist für ihn vor allem deshalb nichtig, weil in ihm die Willkür des Täters, die auf etwas Gesetzwidriges gerichtet ist, zur Geltung kommt. Dieser Wille ist aber dem Gemeinwillen entgegengesetzt, welcher auch der Wille desselben Täters ist, und zwar sein „wahrer" Wille, ein Wille, der das Höhere und Bessere in ihm zum Ausdruck bringt, und daher im Verhältnis zu seiner Willkür bevorzugt werden und das Übergewicht gewinnen muß. Das Verbrechen ist nichtig auch in dem Sinne, daß es — wie jede Tat eines vernünftigen Wesens — Exemplifikation und Affirmation eines allgemeinen Grundsatzes ist, dabei aber eines Grundsatzes, der rechtswidrig und dem gültigen, allgemein anerkannten Grundsatz entgegengesetzt ist, und der aus eben diesem Grund nicht haltbar ist. Es ist nichtig auch schon deswegen, weil es die Negation eines wirklich bestehenden, anerkannten, gültigen Rechts darstellt. Schließlich ist das Verbrechen nichtig, weil bereits in dem Begriff des Verbrechens seine Negation — die Strafe — enthalten ist.

Die Strafe ist im Begriff des Verbrechens enthalten, weil dieser im Begriff des Gesetzes begründet ist, und „das Wesen des Gesetzes, — möge dieses sich nun auf die äußere Natur, oder auf die sittliche Weltordnung beziehen, — besteht in einer *untrennbaren Einheit*, in einem *nothwendigen inneren Zusammenhange unterschiedener* Bestimmungen. So ist durch das Gesetz mit dem *Verbrechen* nothwendigerweise *Strafe* verbunden; dem Verbrecher kann diese zwar als etwas ihm Fremdes erscheinen; im Begriff des Verbrechens liegt aber wesentlich dessen Gegentheil, die Strafe."⁵⁶ Die Strafe ist nur die zweite Hälfte des Ganzen, dessen erste Hälfte das Verbrechen ist.⁵⁷ Sie ist die „Negation" des Verbrechens. Weil aber das Verbrechen nicht etwas unmittelbar Gegebenes ist, da es nicht als solches unabhängig besteht, sondern nur durch Recht und Gesetz als deren Negation, ist die Strafe nicht einfach Negation, sondern eine zweite Negation, „die Negation der Negation".⁵⁸ Sie erweist die Nichtigkeit des Verbrechens dadurch, daß sie es vernichtet:

---

⁵⁴ G. W. F. *Hegel: Wissenschaft der Logik.* Hrsg. v. G. Lasson. Bd 2. Hamburg 1966. 12.

⁵⁵ VNSW 52; Rph. §§ 82, 97 Z; VRP Bd 1, 154—155, 275. Bd 4, 281—282.

⁵⁶ G. W. F. *Hegel: System der Philosophie.* Teil 3. Die Philosophie des Geistes. SW Bd 10. § 422 Z. Vgl. VPR Bd 1, 277.

⁵⁷ Rph. § 101 Z.

⁵⁸ Enz. § 501; VNSW 54; PR 86; Rph. §§ 82 und Z, 97; VRP Bd 1, 277.

„Die geschehene Verletzung des Rechts als Recht ist zwar eine positive, äußerliche Existenz, die aber in sich nichtig ist. Die Manifestation dieser ihrer Nichtigkeit ist die ebenso in die Existenz tretende Vernichtung jener Verletzung [...] Es begeht jemand ein Verbrechen, dieß ist eine äußere Existenz, das Verbrechen ist da, dieß Dasein ist an sich nichtig, ist gegen das Recht, diese Nichtigkeit muß manifestirt werden. Es ist affirmatives Dasein, an sich aber negativ, dieß muß zur Erscheinung kommen, diese Nichtigkeit der Nichtigkeit muß Dasein erhalten. Das Verbrechen ist nichtig, es muß vernichtet werden."[59]

Aber wieso? Die bereits angeführten Merkmale des Verbrechens — Negativität, Widersprüchlichkeit, Schein, in gewissem Sinne auch Nichtigkeit — sind geradezu charakteristische Züge des Unrechts schlechthin, und so auch des unbefangenen Unrechts. Auch diese Form des Unrechts, ebenso wie das Verbrechen, ist notwendig mit der eigenen Negation verbunden und muß vernichtet werden. Das unbefangene Unrecht ist *per definitionem* etwas, was als Unrecht nur auf eine „positive", „äußere" Art in Handlung und Folge besteht, nicht aber auch in dem bösen Willen dessen, der ein solches Unrecht begeht. Deshalb wird das unbefangene Unrecht negiert und vernichtet, wenn die Folgen der Tat vernichtet werden: durch Kompensation. Mit dem Verbrechen aber steht es anders: neben der bloßen Tat und ihren Folgen besteht hier auch der böse Wille des Täters, und eben dieser böse Wille ist das Wesentliche, Spezifische des Verbrechens. Deswegen könnte man hier die Kompensation nicht als Negation betrachten; denn sie bezieht sich unmittelbar nur auf die Tat selbst und ihre Folgen, nicht aber auch auf den Willen des Täters, der hinter dieser Tat steht. Da aber dieser Wille das Wesentliche ist, kann das Verbrechen nur dann negiert und vernichtet werden, wenn auch der böse Wille des Rechtsbrechers negiert und vernichtet wird. Und dieser Wille kann gerade so negiert werden, wie der Rechtsbrecher selbst durch sein Verbrechen das Recht seines Opfers und das Gesetz, auf welchem dieses Recht sich gründet, negiert hat: durch Anwendung von Zwang und Gewalt. Auf diese Art wird nicht nur jenes Äußere, das „Positive" im Verbrechen vernichtet, vielmehr wird auch seine „innere Nichtigkeit" aufgezeigt.[60]

„Es ist daher der Wille des Verbrechers der zu verletzen ist. [...] Es muß angegriffen werden, was er behalten will muß angegriffen werden, sein Leben, sein Eigenthum. Damit hängt zusammen daß eine Strafe empfindlich sein muß für den Verbrecher. Wenn die Strafe nicht empfindlich ist, so ist nicht sein daseiender Wille darin verletzt d.h. das woran man sich hält, worin man seinen Willen zu verletzen glaubt hat er schon aufgegeben, ist ihm gleichgültig, daraus hat er seinen Willen schon gezogen. [...] Daß die Strafe

[59] VRP Bd 4, 281. Vgl. Enz. § 500; VRP Bd 1, 155, 275; Bd 4, 282, 550.
[60] VNSW 52; Rph. §§ 98—99; VRP Bd 1, 275; Bd 3, 308—310; Bd 4, 281—282, 284.

empfindlich sei, wird im Ganzen supponirt, erkennen es die Gerichte daß sie es nicht ist, so machen sie es empfindlich. [...] Selbst beim Morde kann dieser Fall vorkommen, es haben sich Fälle ereignet, daß ein Mord geschehen ist um hingerichtet zu sein. [...] So ist die Todesstrafe ihm nicht empfindlich, es ist schon sein Wille aus dem Leben herausgegangen, konsequent hat man da die Lebensstrafe in Gefängniß verwandelt, um den Willen des Verbrechers anzugreifen."[61]

Außerdem wird das Verbrechen „aufgehoben". Das „Aufheben", sagt Hegel, „stellt seine wahrhafte gedoppelte Bedeutung dar, welche wir an dem Negativen gesehen haben: es ist ein *Negieren* und ein *Aufbewahren* zugleich."[62] „*Aufheben* hat in der Sprache den gedoppelten Sinn, daß es so viel als aufbewahren, *erhalten* bedeutet und zugleich so viel als aufhören lassen, *ein Ende machen.* [...] Etwas ist nur insofern aufgehoben, als es in die Einheit mit seinem Entgegengesetzten getreten ist; in dieser nähern Bestimmung als ein Reflektiertes kann es passend *Moment* genannt werden."[63] Jenes Negative im „Aufheben" des Verbrechens durch Strafe habe ich bereits erwähnt: es ist die Negation, die Vernichtung des bösen Willens des Verbrechers. Das Positive an diesem „Aufheben" besteht darin, daß das Vergehen durch die Strafe nicht nur negiert und vernichtet wird, sondern in ihr gewisserweise gegenwärtig, „bewahrt" bleibt. Erstens in logischem Sinne: die Begriffe des Verbrechens und der Strafe sind logisch verbunden, die Strafe wird mit Hilfe des Verbrechens als deren Negation definiert. Zweitens ist das Verbrechen in der Strafe auch in einem sittlichen und juristischen Sinn „aufbewahrt": als Grundlage für das Verhängen und Vollziehen der Strafe, als das, was der Strafe als dem „zweiten Zwang" und dem Bösen, womit Böses vergolten wird, Rechtfertigung gewährt.

Hegel spricht an mehreren Stellen von der Strafe als vom „Aufheben" des Verbrechens. Diese These ist eine der grundlegenden in seiner Straftheorie und zugleich eine von denen, die für diese Theorie spezifisch sind. An den meisten Stellen, wo von der Strafe als von der Aufhebung des Verbrechens die Rede ist, spricht Hegel von der Strafe auch als von einer Wiederherstellung des Rechts. Das ist nicht zufällig: die These von der Reaffirmation des Rechts durch die Strafe, die in Hegels Straftheorie ebenfalls eine der grundlegenden ist, stellt eine weitere Explikation der These von der Aufhebung des Verbrechens durch die Strafe dar. Die Strafe hebt das Verbrechen auf vor allem darum, weil sie es negiert. Da das Verbrechen die Negation des Rechts ist, ist die Strafe als Negation des Verbrechens nicht einfach die Negation von

---

[61] VRP Bd 4, 285. Vgl. ib. Bd 2, 359; Bd 4, 550.
[62] G. W. F. Hegel: Phänomenologie des Geistes. 90.
[63] G. W. F. Hegel: Wissenschaft der Logik. Bd 1, 94.

etwas Positivem, vielmehr ist sie die Negation der Negation. Und durch die
Negation der Negation gewinnt man das, was mit der ersten Negation
negiert wurde. Daher wird durch die Strafe das wiederhergestellt, was das
Verbrechen negiert hat — nämlich Recht und Gesetz. Natürlich wird mit
dieser zweifachen Negation die ursprüngliche Position nicht in identischer
Form wiederhergestellt, wie dies in der Mathematik der Fall ist. Gesetz und
Recht sind wirklich wiederhergestellt, jedoch sind sie nicht dasselbe, was sie
vor dem begangenen Verbrechen und der Strafe waren. Denn in ihrer
ursprünglichen, unvermittelten Gestalt drücken sie nur ein „Sollen" aus, das
postuliert ist, jedoch noch nicht wirksam erprobt, das in einer Autorität
begründet ist, deren Kraft noch immer nicht zur Geltung gebracht wurde,
deren Überlegenheit über den, der sich widersetzt und auflehnt, noch immer
nicht erwiesen ist. Im Gegensatz dazu haben Recht und Gesetz, die nach der
Kollision mit dem Verbrechen, das ihre Negation darstellt, nun durch die
Strafe wiederhergestellt sind, eine wirksam erprobte und bestätigte, reife
Gestalt.[64]

„Der Schein ist [...] das Unwahre, welches verschwindet, indem es für sich
sein will; und an diesem Verschwinden hat das Wesen sich als Wesen, d.h. als
Macht des Scheins gezeigt. Das Wesen hat die Negation seiner negiert und ist
so das Bekräftigte. Das Unrecht ist ein solcher Schein, und durch das Verschwinden desselben erhält das Recht die Bestimmung eines Festen und
Geltenden. Was wir eben Wesen nannten, ist das Recht an sich, dem gegenüber der besondere Wille als unwahr sich aufhebt. Wenn es früher nur ein
unmittelbares Sein hatte, so wird es jetzt *wirklich*, indem es aus seiner Nega-

---

[64] Prop. 67; Rph. §§ 93—94, 97 und Z, 98, 100 Z, 104, 220; VRP Bd 1, 275, 277; Bd 2,
359; Bd 3, 294, 310, 324, 326, 669; Bd 4, 273, 281—282, 284—285, 550, 556. —Entsprechend sagt Hegel: „das abstrakte Recht ist Zwangsrecht, weil das Unrecht gegen
dasselbe eine Gewalt gegen das *Dasein* meiner Freiheit in einer *äußerlichen* Sache ist;
die Erhaltung dieses Daseins gegen die Gewalt hiermit selbst als eine äußerliche
Handlung und eine jene erste aufhebende Gewalt ist" (Rph. § 94). Allerdings möchte
er diese Implikation des Rechtsbegriffs in die Definition des Rechts nicht einbeziehen.
Kant schrieb: „das Recht darf nicht als auf zwei Stücken, nämlich der Verbindlichkeit
nach einem Gesetze und der Befugnis dessen, der durch seine Willkür den anderen
verbindet, diesen dazu zu zwingen, zusammengesetzt werden, sondern man kann
den Begriff des Recht in der Möglichkeit der Verknüpfung des allgemeinen wechsel-
seitigen Zwanges mit jedermanns Freiheit unmittelbar setzen. [...] Recht und Befugnis zu zwingen bedeuten also einerlei" (I. *Kant: Metaphysik der Sitten*. Hrsg. v. K.
Vorländer. Leipzig 1907. 36—37). Dem hält Hegel entgegen: „das abstrakte oder
strenge Recht sogleich von vornherein als ein *Recht* definieren, zu dem man zwingen
dürfe, — heißt es an einer Folge auffassen, welche erst in dem Umwege des Unrechts
eintritt" (Rph. § 94 Anm).

tion zurückkehrt; denn Wirklichkeit ist das, was wirkt und sich in seinem Anderssein erhält."[65]

Die konsequent retributive Straftheorie sieht in dem begangenen Verbrechen nicht nur die Grundlage des Rechts, sondern auch die Quelle der Pflicht zu strafen. Auch darin ist Hegel ein konsequenter Retributivist: seine Lehre vom Aufheben des Verbrechens durch die Strafe und von der Strafe als Wiederherstellung des Rechts enthält beide dieser Thesen. Wenn das Verbrechen begangen ist, so besteht nicht nur das *Recht*, es aufzuheben, Recht und Gesetz wiederherzustellen, vielmehr besteht ebenso auch die *Pflicht*, dies zu tun. Nicht nur, daß man das Vergehen aufheben *darf*, daß das Recht reaffirmiert werden darf, vielmehr *soll* man das tun. Warum? Weil es „für die Gesellschaft unmöglich wäre, das Verbrechen unbestraft zu lassen, weil es alsdann als Recht gesetzt würde", das unbestrafte Vergehen „*sonst gelten* würde, d.h. *allgemeine* Existenz haben würde denn *einzelnes* Seyn ist hier allgemein für Alle."[66]

„Die Verletzung, Negation dieser positiven Existenz des Verbrechens ist die Wiederherstellung des Rechts. Hier also ist der Punkt der Aufhebung. Geschähe diese Aufhebung nicht würde das Verbrechen gelten nicht das Recht, das Verbrechen bliebe in seiner positiven Existenz. Werden Verbrechen nicht bestraft, obwohl schon ersetzt, so ist das Recht nicht wiederhergestellt, denn das Verbrechen bleibt in seiner positiven Existenz, indem der Wille des Verbrechers nicht als negirt gesetzt wird. [...] Das Verbrechen soll nicht frei ausgehn, nicht ungerächt bleiben, frei ausgehend ist es als Recht gesetzt, als erlaubt angesehen. [...] Darin liegt [...] die Gefährlichkeit des unbestraften Verbrechens für die Gesellschaft, denn das Geltende wird für Recht angesehn, das ungeahndete Verbrechen aber gilt, wird als Recht anerkannt."[67]

Das begangene Verbrechen muß also bestraft werden, weil im entgegengesetzten Fall an die Stelle des negierten Rechts und Gesetzes als das Zulässige und Gerechte deren Negation, das Unrecht, das Verbrechen, treten würde.

7. Die subjektive Rechtfertigung

Eine subjektive Rechtfertigung der Strafe wäre ihre Rechtfertigung mit Berufung auf den Willen des Verbrechers selbst. Die Strafe ist jedoch, *per*

---

[65] Rph. § 82 Z.
[66] Ib. § 218 Z; VRP Bd 2, 359.
[67] VRP Bd 3, 310, 662. Vgl. Rph. § 99; VRP Bd 4, 280, 282, 284, 549, 551.

definitionem, etwas Unerwünschtes, Böses, Zwang, Einengung, Entzug. Wie kann man ihr dann eine subjektive Rechtfertigung geben?

Die subjektive Rechtfertigung der Strafe besteht vor allem darin, daß sie aus dem Gemeinwillen hervorgeht, der auch der Wille des Verbrechers selbst ist. Die Gesetze sind nichts anderes als die Objektivierung des Gemeinwillens. Der Gemeinwille ist in Bezug auf den Einzelnen keine transzendente, fremde Allgemeinheit, sondern ist gleichzeitig sein eigener „wahrer" Wille, d.h. ein Wille, der jenes Höhere und Gute in ihm zum Ausdruck bringt, laut welchem er an der Welt der Sittlichkeit und des Rechts Anteil nimmt und wodurch er die „wahre", „absolute" Freiheit erlangt. Deshalb kann Hegel sagen, im Unrecht sei „der Wille als (a) in seiner Beziehung auf sich, nicht von einer anderen Person (b), sondern in sich selbst unterschieden, ist er, als *besonderer* Wille von sich als *an und für sich seiendem* [d.h. als dem allgemeinen Willen] verschieden und entgegengesetzt."[68] Deshalb kann man ebenso gut behaupten, daß das Verbrechen nicht nur denjenigen, dessen Recht mit Füßen getreten worden ist, wie auch das Gesetz, das hinter diesem Recht steht, und ferner den im Gesetz objektivierten Gemeinwillen und dadurch auch alle übrigen betrifft, sondern auch den Gemeinwillen im Verbrecher selbst, den Gemeinwillen als den Willen des Verbrechers selbst; man kann also behaupten, daß das Verbrechen auch den Verbrecher selbst trifft.[69] Und wenn nach dem Verbrechen die Strafe erfolgt, kann man für diese aus denselben Gründen sagen, daß sie nicht nur aus dem Gemeinwillen aller und seiner Objektivierung im Gesetz hervorgeht, sondern daß sie ebenso aus dem Gemeinwillen, als dem Willen des Verbrechers selbst hervorgeht — daß sie den eigenen Willen des Verbrechens ausdrückt.[70]

Selbstverständlich bedeutet dies nicht, daß der Verbrecher auf der Ebene seines empirischen Willens wollen muß, daß er bestraft werde. Denn „es kann der Fall sein, daß man sich seines allgemeinen Willens nicht bewußt ist. Der Mensch kann glauben, es gehe etwas vollkommen gegen seinen Willen, ob es gleich doch sein Wille ist. Der Verbrecher, der bestraft wird, kann allerdings wünschen, daß die Strafe von ihm abgewendet werde: aber der allgemeine Wille bringt es mit sich, daß das Verbrechen bestraft wird. Es muß also angenommen werden, daß es im absoluten Willen des Verbrechers selbst liegt, daß er bestraft werde." In diesem Sinne hat die Strafe „eine Seite, nach welcher [sie] kein Zwang ist und der Würde des freien Wesens nicht widerspricht, weil der Wille an und für sich [d.h. der allgemeine Wille] auch der absolute Wille eines Jeden ist."[71]

---

68 Rph. § 40. Vgl. ib. §§ 82, 104.
69 Ib. § 99; VRP Bd 1, 155, 157, 275; Bd 3, 309, 669—670; Bd 4, 282.
70 Rph § 100; VRP Bd 2, 359; Bd 3, 314; Bd 4, 283, 289.
71 Prop. 47, 57.

Jedoch beschränkt sich Hegels subjektive Rechtfertigung der Strafe nicht
auf diese Bezugnahme auf den Gemeinwillen als den eigenen Willen des
Verbrechers. Hegel möchte nicht nur zeigen, daß die Strafe dem Willen des
Verbrechers als dem Gemeinwillen entspringt, vielmehr will er sie auch im
empirischen, subjektiven Willen des Verbrechers begründen.

Laut W. H. WALSH gibt Hegels Auffassung des Verbrechers als eines freien
und verantwortungsvollen Wesens Antwort auf diese Frage, woraus hervorgeht, daß der Verbrecher „weiß, was er tut und sich deshalb verpflichtet,
die Folgen seiner Tat auf sich zu nehmen, einschließlich der Strafe, falls sein
Verbrechen entdeckt werden sollte."[72] Diese Interpretation ist jedoch völlig
verfehlt. Zum ersten, nirgends sagt Hegel, die Strafe sei im subjektiven Sinn
einfach deswegen gerechtfertigt, weil der Verbrecher, im Augenblick da er
sich entschloß, das Verbrechen zu begehen, wußte, daß ihm, sollte er entdeckt werden, eine Strafe drohe. Hätte Hegel so etwas behauptet, so hätte er
geradezu den Standpunkt jener Variante der Abschreckungstheorie einge-
nommen, den FEUERBACH vertrat. Wie wir aber in einem der folgenden Abschnitte sehen werden, hat Hegel eben diesen Standpunkt einer gründlichen
Kritik unterzogen.[73] Zum zweiten, eine solche subjektive Rechtfertigung
wäre keineswegs überzeugend, denn auf dieselbe Weise könnte man jede
Gewalttätigkeit rechtfertigen, wenn sie nur im voraus angekündigt und
durch irgendwelches Tun der Bürger bedingt gewesen wäre. Deshalb muß
die Strafe, wenn sie auch in subjektivem Sinne gerechtfertigt sein soll, auf
eine andere, tiefere und überzeugendere Art in dem Willen des Verbrechers
begründet sein.

BECCARIA und ROUSSEAU haben dies bewerkstelligt, indem sie die Behauptung aufstellten, im Gesellschaftsvertrag sei die Zustimmung jedes einzelnen
Bürgers enthalten, daß er, falls er das Gesetz brechen sollte, bestraft werde.[74]
Jedoch kann sich Hegel auf die Zustimmung des Rechtsbrechers, daß er unter
gewissen Umständen bestraft werde — eine Übereinkunft, die seiner Gesetzesübertretung vorangegangen und im Gesellschaftsvertrag verankert sein
soll — nicht berufen, denn er lehnt jede Vertragskonzeption des Staates
radikal ab. Deshalb ist seine Stellungnahme eine ganz andere. BECCARIA hatte
recht, meint Hegel, wenn er als Voraussetzung für die Legitimität der Strafe
die Zustimmung des Einzelnen, daß er bestraft werde, fordert; er hat jedoch
diese Zustimmung an der falschen Stelle gesucht. Es ist nicht notwendig,
irgend eine vorangegangene Übereinkunft vorauszusetzen; die Zustimmung

---

[72] W. H. Walsh: Hegelian Ethics. London 1969. 68.
[73] Vgl. infra, 63—66.
[74] C. Beccaria: Über Verbrechen und Strafen. Übers. v. J. Glaser. Wien 1876. 28—30; J. J.
Rousseau: o.c. 21.

des Verbrechers, bestraft zu werden, ist ja bereits in seiner eigenen Tat, in seinem Verbrechen, enthalten.

Das Verbrechen ist nämlich, seinem Wesen nach, etwas Allgemeines. Im *Geist des Christentums* sah Hegel diese implizite Allgemeinheit des Verbrechens darin, daß das Gesetz, das durch das Verbrechen verletzt wird, stets allgemein ist.[75] Nun findet er die Allgemeinheit das Verbrechens darin, daß es eine menschliche Tat ist, also die Tat eines vernünftigen Wesens. Das Verbrechen selbst ist selbstverständlich nichts Vernünftiges; im Gegenteil, es ist *per definitionem* eine Übertretung des Gesetzes, d.h. es ist dem allgemeinen, dem vernünftigen Willen entgegengesetzt. Jedoch ist es noch immer eine Tat eines vernünftigen Wesens, und so muß es auch als solche behandelt werden. Eine Tat als Tat eines vernünftigen Wesens zu betrachten bedeutet, darin nicht nur etwas Einzelnes zu sehen, sondern einen Grundsatz zu erkennen und zu respektieren, welcher durch diese Tat ausgedrückt und affirmiert wird. Im Falle des Verbrechens ist dieser Grundsatz dem Gesetz entgegengesetzt, so daß er nicht als allgemeingültig akzeptiert werden kann: „daß dieß die Andern nicht anerkennen in Beziehung auf sich. In Beziehung auf ihn gilt es, ihm ist es gültig, er läßt es gelten, und gilt durch seine That selbst."[76] Diesen Grundsatz hat der Verbrecher durch seine Tat als seinen eigenen Grundsatz proklamiert; deshalb darf man *ihm gegenüber* nach diesem Grundsatz vorgehen. Dies bedeutet: wenn er einen Diebstahl begangen hat, so hat er dadurch den Grundsatz proklamiert, daß fremdes Eigentum verletzt werden darf, so daß man demgemäß auch mit seinem Eigentum so verfahren darf; wenn er einen Mord begangen hat, so hat er damit den Grundsatz aufgestellt, daß man einen anderen ums Leben bringen darf, so daß man dasselbe auch ihm tun darf. Wenn man ihn so behandelt, wird dadurch kein fremdes, feindliches Gesetz auf ihn angewandt; es wird bloß nach seinem eigenen Grundsatz vorgegangen, nach einem Prinzip, das in seiner eigenen Handlung verankert ist. „Es bedarf nicht einer besondern Stipulation, daß der Staat über mein Leben im Fall des Verbrechens [...] disponieren könne," sagt Hegel in seiner Auseinandersetzung mit BECCARIAS Theorie von der Unzulässigkeit der Todesstrafe, was jedoch, *mutatis mutandis*, auch für alle anderen Strafen gültig ist; „vielmehr liegt das Recht des Staats in der That des Verbrechers selbst, wodurch er selbst anerkennt, daß er zu richten sei. Als Mörder stellt er das Gesetz auf, daß das Leben nicht zu respektiren sei. Das Allgemeine spricht er in seiner That aus; damit aber spricht er sich sein Todesurtheil selbst aus."[77] Denn „was dem Menschen gegen andere Recht ist,

---

75 Vgl. supra, 15—16.
76 VRP Bd 3, 316—317.
77 Ib. 318—319.

was ihm so gilt, gilt auch den Anderen gegen ihn." Deshalb: „das Unrecht, das
er ausgeübt hat, an ihm vollführt, ist Recht, weil durch diese zweite Handlung, die er anerkannt hat, eine Wiederherstellung der Gleichheit aufgestellt
wird."[78]
  Kritiker haben Hegels Auffassung des Verbrechens als einer implizit allgemeinen Tat mit dem Hinweis darauf in Frage gestellt, daß der Verbrecher
durch seine Tat kein neues Prinzip verkünden, sondern ganz im Gegenteil
nur ausnahmsweise zu seinen eigenen Gunsten ein Prinzip durchbrechen
wolle, an dessen Erhaltung in Bezug auf andere und deren Beziehungen zu
ihm ihm ansonsten gelegen sei. So schreibt zum Beispiel Ossip K. FLECHTHEIM:
„Durch seine Tat will der Verbrecher eine Ausnahme von der Regel statu-
ieren, im Gegensatz zum *generellen* Recht für sich ein *Privileg* schaffen — und
ein Privileg besteht ja nur solange, wie es nicht allgemein ist! Der Dieb, der
stiehlt, kann nicht wollen, daß ihn der Bestohlene oder ein Dritter wiederbe-
stehle; denn alsdann hätte er gar nicht zu stehlen brauchen."[79]
  Doch läßt sich Hegels Position meines Erachtens an diesem Punkt verteidigen. Denn wenn Bestrafung durch den Aufweis gerechtfertigt werden
müßte, daß das Begehen eines Verbrechens bereits den Wunsch des Verbrechers, bestraft zu werden, mit umfaßt, und wenn das die einzig anerkannte
subjektive Rechtfertigung der Strafe sein sollte, dann ließe sich die Strafe
subjektiv so gut wie gar nicht rechtfertigen (abgesehen von den doch wohl
seltenen Fällen, wo der Wunsch nach Bestrafung der Beweggrund des Verbrechens ist). Doch was bedeutet, welchen Stellenwert hat der Wunsch des
Verbrechers, sich selbst ein Privileg zu verschaffen, zu seinen Gunsten
ausnahmsweise ein Prinzip zu durchbrechen, an dessen sonstiger Wahrung
durch andere ihm gelegen ist? Um bei FLECHTHEIMS Beispiel zu bleiben, kann
ein Dieb ernsthaft und überzeugend dartun, er habe nicht den Grundsatz
aufstellen wollen, daß die Institution des Eigentums nicht respektiert zu
werden brauchte; er erkenne diesen Grundsatz im allgemeinen durchaus an
und habe nur für sich selbst eine Ausnahme machen wollen; und dementsprechend empfinde er die Strafe, die sein eigenes Eigentum treffe, als etwas
völlig Äußerliches, Fremdes, Illegitimes? Wenn wir einem Dieb begegneten,
der auf dieser Grundlage Straflosigkeit für seinen Diebstahl beansprucht
— der sich standhaft weigert, dadurch eine Grundsatz aufgestellt zu sehen,
die Anwendung eben dieses Grundsatzes auf sich selbst ablehnte, vielmehr
darauf bestünde, privilegiert, eine Ausnahmeerscheinung zu sein — dann

---

[78] Ib. Bd 4, 289; Prop. 68. Vgl. Prop. 68, 218; Enz. § 500; VNSW 52—54; PR 87; Rph. §
100 und Z; VRP Bd 1, 154, 157, 276—277; Bd 2, 359, 365, 367, 369; Bd 3, 314—319,
669—670; Bd 4, 280—281, 289—291, 556.
[79] O. K. Flechtheim: *Hegels Strafrechtstheorie*. 102. Vgl. ib. 87, 101—102; *Die Funktion der
Strafe in der Rechtstheorie Hegels*. 18; H. Oppenheimer: o. c. 213—214.

drängt sich die Frage auf: bei wem liegt das *onus justificandi?* Nach meinem Dafürhalten fiele dies nicht auf diejenigen, die dem Dieb das tun wollten, was er andern getan hatte, sondern auf den Dieb selber. Er müßte beweisen, daß er zu Recht anderen etwas tut, was sie ihm nicht tun dürfen — daß er zu Recht andere ihres Eigentums berauben darf, während andere ihm sein Eigentum nicht nehmen dürfen. Und dieser Nachweis dürfte doch äußerst schwer fallen.

Wenn dieses Argument stichhaltig ist, dürfen wir an dem normativen Begriff vom Menschen als einem vernünftigen Wesen festhalten und diesen auch auf den Verbrecher anwenden, ungeachtet dessen, daß letzterer vielleicht nicht immer gern als solches betrachtet werden möchte. Dann dürfen wir mit Hegel sagen: „das Tier als solches tut nur Besonderes. Der Mensch aber mag tun was er will, hat darin zugleich ein Allgemeines getan."[80]

Wenn mit einem Verbrecher im Sinne des Grundsatzes verfahren wird, den er durch seine Tat aufgestellt hat, stellt sich heraus, daß er durch Verletzung eines anderen auch sich selbst verletzt hat; seine eigene Tat wird zu einer ihm feindlichen Macht und fällt auf ihn selbst zurück. „Die *Eumeniden* schlafen, das Verbrechen ruft sie auf, sie sind die eigene That des Verbrechers, und es ist nur die eigene That des Verbrechers, die sich geltend macht."[81]

Einen Verbrecher bestrafen, weil er ein Verbrechen begangen hat, bedeutet ihn bestrafen, weil er Bestrafung verdient hat; denn genau das bedeutet einen anderen behandeln, wie er es verdient, nämlich sein Handeln anderen gegenüber als Maßstab für die ihm zukommende Behandlung nehmen. Und wenn man einen anderen behandelt, wie er es verdient, dann behandelt man ihn als ein verantwortliches und von daher freies Wesen, man anerkennt und würdigt ihn als ein verantwortliches und freies Wesen. Der Mensch ist ein freies Wesen, weil er ein vernünftiges ist; somit ist Anerkennung seiner Freiheit gleichbedeutend mit seiner Anerkennung als vernünftiges Wesen. Freiheit und Vernünftigkeit sind Merkmale von Personen. Wenn also ein Verbrecher bestraft wird, weil er ein Verbrechen begangen hat, wird er dadurch folglich als eine Person anerkannt, und eben das spezifisch Menschliche an ihm, was ihm die Würde verleiht, die ihn vor allen anderen Wesen auszeichnet — nämlich seine Freiheit und Vernünftigkeit — wird respektiert. So betrachtet hat nicht nur der Staat das Recht, den Verbrecher zu bestrafen, sondern — nach Hegels Auffassung — die Bestrafung ist auch ein Recht, das dem Verbrecher selbst zusteht.[82]

---

[80] PR 87.

[81] VRP Bd 3, 320—321. Vgl. ib. Bd 2, 367; Bd 4, 292.

[82] PR 87—88; Rph. §§ 100, 132 Anm; VRP Bd 1, 276—277; Bd 3, 314—317, 669—670; Bd 4, 289—291. — Zur Hegels Auffassung der Zurechnung siehe Rph. §§

Im Rahmen einer retributiven Rechtfertigung der Strafe ist nicht nur die Strafe als solche relevant, sondern auch der Strafrechtsprozeß, durch den man zu ihr gelangt. Denn eine retributiv fundierte Strafe wird gerechtfertigt durch die Tatsache, daß ein Verbrechen begangen worden ist. Ob tatsächlich ein Verbrechen begangen worden ist, was für eine Art von Verbrechen, ein wie schwerwiegendes, mit welcher Art und mit welchem Grad von Verantwortlichkeit — all dies muß im Verlauf eines Gerichtsverfahrens, nach den Regeln eines Strafrechtsprozesses festgestellt werden. Daher ist es verständlich, wenn Hegel zeigen möchte, daß das Verfahren selbst mit dem „Prinzip der Subjektivität" übereinstimmt oder doch zumindest übereinstimmen könnte. Diese Übereinstimmung wird seines Erachtens durch das Geständnis des Angeklagten und durch die Einrichtung des Geschworenengerichts garantiert. „Die Forderung des Eingeständnisses, abseiten des Verbrechers [...] hat das Wahre, daß dem Recht des subjektiven Selbstbewußtseins dadurch ein Genüge geschieht: denn das, was die Richter sprechen, muß im Bewußtsein nicht verschieden sein, und erst, wenn der Verbrecher eingestanden hat, ist kein Fremdes mehr gegen ihn in dem Urteil. Hier tritt nun

---

114—132 und ZZ zu §§ 114—126; K. *Larenz: Hegels Zurechnungslehre und der Begriff der Objektiven Zurechnung.* Leipzig 1927; W. *Schild: Der Strafrechtsdogmatische Begriff der Zurechnung in der Rechtsphilosophie Hegels.* In: Zeitschrift für philosophische Forschung. 35 (1981), 445—476. — Hegel bestand darauf, daß der Verbrecher ein freies und vernünftiges Wesen sei und daß er trotz seines Rechtsbruchs weiterhin eine Person und Inhaber gewisser Rechte sei; dies ist ein bedeutender Beitrag zu dem Bruch mit der überkommenen Auffassung, die im Verbrecher ein Wesen sah, daß sich durch eigenes Verschulden unwiderruflich von der menschlichen Gesellschaft ausgeschlossen und von daher keinerlei Ansprüche an die Rechtsordnung zu stellen habe, und ihn entsprechend behandelte. Insofern schließt Hegel, wie R. Marcic schreibt, „einen mehr als eineinhalbjahrtausendlangen Reifungsprozeß ab; er bricht endgültig mit der archaischen Vorstellung, wonach neben der Welt eine Unwelt waltet, in die ein Unmensch gestoßen wird, wenn er seine Menschenwürde verwirkt hat. Noch Thomas von Aquin lehrt, daß ein Mensch, der bestimmte schwere Verbrechen verübt, eine Bestie wird, obwohl das Christentum als erste Lehre der Welt die Wahrheit verkündet, daß kein Wesen eine unsühnbare Tat setzen kann, daß Christus ausnahms- und unterschiedslos alle Menschen, jeden Menschen erlöst hat: Kein Mensch kann seines Menschseins, seiner Menschenwürde verlustig gehen, mag er angerichtet haben, was immer: Der Mensch bleibt Mensch. Die Person bleibt Person. Die Menschenwürde ist unverlierbar. Niemand kann sie unter irgendwelchen Umständen verwirken. Hegel nimmt diesen Gedanken todernst und beharrt darauf, daß der Verbrecher den Status eines vollwertigen Rechtsgenossen, die Stellung der Person und des Subjekts der Rechtsordnung behält; er wird nicht zur Unperson." (R. *Marcic: Hegel und das Recht.* In: *Hegel und die Folgen.* Hrsg. v. G.-K. Kaltenbrunner. Freiburg i. Br. 1970. 181-212. 204).

aber die Schwierigkeit ein, daß der Verbrecher leugnen kann und dadurch das
Interesse der Gerechtigkeit gefährdet wird. Soll nun wieder die subjektive
Überzeugung des Richters gelten, so geschieht abermals eine Härte, indem
der Mensch nicht mehr als Freier behandelt wird. Die Vermittlung ist nun,
daß gefordert wird, der Ausspruch der Schuld oder Unschuld soll aus der
Seele des Verbrechers gegeben sein, — das Geschworenengericht."[83]

Dies kommt dadurch zustande, daß die Position der Geschworenen eine
andere ist als die des Richters — sie sind ganz schlicht Bürger, wie der
Angeklagte auch, auf gleicher sozialer Stufe wie er. Somit vermögen sie seine
Gedanken und Gefühle nachzuvollziehen, und auf dieser Grundlage zusätzlich zu den im Lauf des Verfahrens herausgestellten Tatsachen können sie
sozusagen aus seiner eigenen Seele heraus und in seinem Namen über seine
Schuld oder Unschuld urteilen.[84]

Somit läßt sich die Strafe sowohl objektiv als auch subjektiv als gerecht und
gerechtfertigt erweisen. Objektiv, weil es sich um Vergeltung handelt, um
Aufhebung des Verbrechens und Wiederherstellung von Recht und Gesetz
als des allgemein Anerkannten und Vorherrschenden. Subjektiv zunächst als
Ausdruck des allgemeinen Willens, der auch der eigentliche Wille des Verbrechers selbst ist; dann weil das bloße Begehen eines Verbrechens, das Übertreten eines Gesetzes, die Zustimmung von seiten des empirischen, subjektiven
Willens des Verbrechers, bestraft zu werden, impliziert. Dementsprechend
nimmt Hegel nun eine These wieder auf, die er — im Gegensatz zu seinen
Ausführungen im *Geist des Christentums* — in der *Jenaer Realphilosophie* entwickelt hatte: sowohl objektiv als auch subjektiv bewirkt Strafe Versöhnung.
Strafe, sagt er, ist „die wahrhafte Versöhnung des Rechts mit sich selbst [...]
in objektiver Rücksicht, als Versöhnung des durch Aufheben des Verbrechens sich selbst wiederherstellenden und damit als *gültig verwirklichenden
Gesetzes*, und in subjektiver Rücksicht des Verbrechers, als *seines von ihm
gewußten* und für ihn und zu *seinem Schutze gültigen Gesetzes*, in dessen Vollstreckung an ihm er somit selbst die Befriedigung der Gerechtigkeit, nur die
Tat des *Seinigen*, findet."[85]

8. Lex talionis

Bis hier habe ich Hegels Antwort auf die Frage nach der Grundlage für das
Recht und die Pflicht der Bestrafung referiert. Dies sind die Grundfragen

[83] Rph. § 227 Z.
[84] Enz. § 531 Anm; VNSW 153—156; PR 181—186; Rph. §§ 224—228; VRP Bd 1,
319—320; Bd 3, 678—679, 682—688; Bd 4, 569—572, 578—581.
[85] Rph. § 220. Vgl. VNSW 146; PR 179; VPR Bd 1, 319; Bd 3, 669—670; Bd 4, 556.

jeder Straftheorie. Danach geht es um das Strafmaß: was für eine Art und was für ein Maß von Strafe ist legitim und angemessen?

Die Antwort darauf hängt davon ab, wie man die vorangegangenen beiden Fragen beantwortet hat. Wenn man das Problem der Rechtfertigung von Strafe vom utilitaristischen Standpunkt angeht und als die Quelle für Recht und Pflicht der Bestrafung die guten Folgen der Bestrafung sieht, dann werden diese Folgen auch das Strafmaß bestimmen: die jeweils angemessene und gerechtfertigte Strafe wird die sein, welche die besten Folgen zu zeitigen verspricht. Wenn man dagegen an der Vergeltung als Grundlage für Recht und Pflicht der Bestrafung festhält und die Auffassung vertritt, daß Strafe dadurch gerechtfertigt wird, daß sie gerecht ist, und daß sie gerecht ist, weil sie durch das Verbrechen verdient wird, dann wird das begangene Verbrechen auch das Strafmaß mitbestimmen. So betrachtet würde der Vollzug einer Strafe, die härter ist als das begangene Verbrechen, eine Überziehung des Rechts zu strafen bedeuten. Andererseits würde die Auferlegung einer Strafe, die leichter ist als das begangene Verbrechen, bedeuten, daß man der Pflicht zu strafen nicht gehörig nachgekommen ist; denn diese Pflicht basiert wiederum ausschließlich auf dem Verbrechen. Nach der Retributionslehre ist Bestrafung nur so weit legitim, als ihr Maß entsprechend dem begangenen Verbrechen festgesetzt wird. Das bedeutet, daß diese Lehre in der Frage des Strafmaßes die *lex talionis* nach sich zieht.

Da jedes Verbrechen sowohl qualitativ als auch quantitativ bestimmt ist, sagt Hegel, und da die Strafe nichts anderes ist, als Vergeltung für das begangene Verbrechen, dessen Negation und Aufhebung, muß es in derselben Art bestimmt sein. Aber läßt sich nicht ohne weiteres zeigen, daß diese Forderung häufig unerfüllbar ist — daß es häufig in der Natur der Sache liegt, daß man das Verbrechen nicht in derselben Art und im selben Maße vergelten kann? Viele Kritiker der Retributionslehre haben darauf hingewiesen, und ihnen gilt dies als eines der zugkräftigsten Argumente gegen diese Lehre. Hier will ich nur die klassische Formulierung dieses Einwands zitieren — die in BLACKSTONES *Commentaries on the Laws of England*: „Es leuchtet ein, daß das, was manche ob seiner Billigkeit rühmen, nämlich die *lex talionis* oder Gesetz der Wiedervergeltung, nie in allen Fällen eine angemessene oder dauernde Regelung der Bestrafung sein kann. [...] Die Unterschiede von Person, Ort, Zeit, Herausforderung oder andere Umstände mögen das Verbrechen schwerer oder leichter erscheinen lassen; und in solchen Fällen kann Vergeltung niemals ein angemessener Maßstab der Gerechtigkeit sein. Wenn ein Edelmann einen Bauern schlägt, wird jedermann einsehen, daß eine Erwiderung des Schlags, falls ein Gerichtshof diese verhängt, mehr ist als ein gerechter Ausgleich. Andererseits kann Vergeltung bisweilen ein zu leichtes Urteil sein; wenn etwa jemand böswillig einem Menschen, der bereits ein Auge verloren hat, das verbleibende Auge ausschlägt, wäre es eine zu leichte Strafe für den Schläger, wenn er nur eines seiner Augen verlieren sollte: daher wurde auch das Gesetz der Lokrer, das Auge um Auge verlangte, in solchem Fall sinnvollerweise dahingehend abgeändert, daß in Anlehnung an die Solonische Gesetzgebung vorgesehen war, wer einem Einäugigen sein Auge ausgeschlagen habe, solle zum Ausgleich seine beiden Augen verlieren. Außerdem gibt es sehr viele Verbrechen, die solche Art von Bestrafung in keiner Form zulassen, ohne offensichtlich in Absurdität und Bosheit auszuarten. Diebstahl kann nicht durch Diebstahl bestraft werden, Entehrung nicht durch Entehrung, Fälschung nicht durch Fälschung, Ehebruch nicht durch Ehebruch, und dergleichen mehr."[86]

Angesichts dieses Einwands haben einige Vertreter der Vergeltungstheorie — etwa Francis Herbert Bradley oder Bernard Bosanquet — die *lex talionis* aufgegeben und einen Kompromiß zwischen Vergeltungs- und Nützlichkeitserwägung in der Philosophie der Strafe vorgeschlagen: das begangene Verbrechen soll weiterhin die moralische Grundlage der Bestrafung, die Quelle für Recht und Pflicht zu strafen sein, aber das Strafmaß soll nach utilitaristischen Kriterien bestimmt werden.[87] Hegel dagegen ist nicht bereit, dem Utilitarismus solche Zugeständnisse zu machen. Er weiß sehr wohl um das Argument von der Unmöglichkeit, die Bestrafung dem Verbrechen anzupassen, findet es aber nicht überzeugend: „Es ist sehr leicht, die Wiedervergeltung der Strafe (als Diebstahl um Diebstahl, Raub um Raub, Aug' um Aug', Zahn um Zahn, wobei man sich vollends den Täter als einäugig oder zahnlos vorstellen kann), als Absurdität darzustellen, mit der aber der Begriff [der Strafe als Wiedervergeltung] nichts zu tun hat."[88] Die Forderung, daß die Bestrafung dem Verbrechen entsprechen müsse, läßt sich nämlich auf zweierlei Art verstehen. Man kann sie wörtlich verstehen als Forderung nach Gleichheit von Bestrafung und Verbrechen bezüglich ihrer Einzelzüge, d.h. daß der Verbrecher dadurch bestraft werde, daß man ihm dasselbe tut, was er seinem Opfer getan hat. So verstanden ist die Forderung zugegebenermaßen häufig unerfüllbar. Aber sie läßt sich auch als Forderung verstehen, daß Bestrafung und Verbrechen einander in dem gleichen müssen, was sie gemeinsam haben, worin sie vergleichbar sind — in Bezug auf ihren „Wert", d.h. bezüglich „ihrer allgemeinen Eigenschaft, Verletzungen zu sein". So sind „Diebstahl und Gefängnisstrafe [...] ganz verschieden, dem Diebe wird die äußere Freiheit entzogen, etwas ganz anderes als was er dem Verletzten

---

[86] W. Blackstone: *Commentaries on the Laws of England*. Ed. by J. DeWitt Andrews. Chicago 1899. 1223.

[87] F. H. Bradley: *Ethical Studies*. London 1962. 26—27; B. Bosanquet: *The Philosophical Theory of the State*. London 1965. 212.

[88] Rph. § 101 Anm. Vgl. VRP Bd 3, 321; Bd 4, 292.

entzogen hat, dem Werthe nach aber soll es gleich sein."[89] Recht verstanden verlangt die *lex talionis* eben dies, daß die Strafe den Verbrecher so hart treffen soll, wie sein Verbrechen das Opfer getroffen hat. Und dies läßt sich sogar in Fällen erreichen, wo der Grundsatz „Auge um Auge, Zahn um Zahn" nach Lage der Dinge nicht wörtlich anwendbar ist. So erklärt sich die Anwendung von Geld- und Gefängnisstrafe: an Gewichtigkeit können sie fast allen Arten von Verbrechen angepaßt werden.[90] Zugegebenermaßen bereiten Vergleiche und die Herstellung von Entsprechungen zwischen Verbrechen und Strafen in Bezug auf ihren Wert „Schwierigkeiten in Ausdrucksmitteln, und es tritt hier, wie beim Tausch, das Empirische ein"; aber damit muß man rechnen, „und wenn man dagegen diese Schwierigkeit anführen wollte, so müßte man auch sagen, es könne überhaupt kein Tausch, kein Schadenersatz stattfinden."[91]

Man sollte nicht damit rechnen, daß es für jedes Verbrechen eine Strafe gibt, die ihm an Gewichtigkeit völlig entspricht, auch nicht damit, daß eine solche Strafe für jegliches Verbrechen ein für alle Mal vorgeschrieben werden muß. Wer sich das vornähme, müßte zu dem Schluß gelangen, es sei unmöglich und daher sei jede oder fast jede verhängte Strafe ungerecht und unannehmbar — ob sie nun einen Hieb, eine Mark oder einen Tag im Gefängnis mehr oder weniger umfaßt, als dem jeweiligen Verbrechen genau entspricht.[92] Doch diese Folgerung und die Forderung, aus der sie gezogen wird, sind falsch; sie zeugen von einer falschen Auffassung des Wesens von Recht und Gesetz sowie von übertriebenen, undurchführbaren, absurden Anforderungen an Vernunft und Gesetzgebung, den Stoff, mit dem sie es zu tun haben, völlig zu meistern, ganz in den Griff zu bekommen und unter *a priori* Regeln und Grundsätze zu zwingen. Da es sich bei dem Stoff, mit dem sie es zu tun haben, um etwas Empirisches, Kontingentes handelt, ist es nur natürlich, daß er sich solchen Versuchen widersetzt; er läßt sich nie völlig in allgemeine Regeln fassen oder zur Gänze voraussagen, kontrollieren, regulieren. „Es läßt sich nicht *vernünftig* bestimmen, noch durch die Anwendung einer aus dem Begriffe herkommenden Bestimmtheit entscheiden, ob für ein Vergehen eine Leibesstrafe von vierzig Streichen oder von vierzig weniger eins, noch ob eine Geldstrafe von fünf Talern oder aber von vier Talern und dreiundzwanzig u.s.f. Groschen, noch ob eine Gefängnisstrafe von einem Jahre und einem, zwei oder drei Tagen das Gerechte sei. [...] Die Vernunft ist

---

[89] VRP Bd 4, 293.
[90] VNSW 56—57, 146—147; PR 88—89, 173—174; Rph §§ 101 und Z, 214; VRP Bd 1, 157, 277—278; Bd 3, 321—322; Bd 4, 277—278; 282, 291—293.
[91] VNSW 56.
[92] Vgl. Rph. § 214 Anm; VRP Bd 1, 278; A. C. Ewing: *The Morality of Punishment.* London 1929. 39—40.

es selbst, welche anerkennt, daß die Zufälligkeit, der Widerspruch und Schein
ihre, *aber beschränkte*, Sphäre und Recht hat, und sich nicht bemüht, dergleichen Widersprüche ins Gleiche und Gerechte zu bringen."[93]
  Dieses Ideal läßt sich nie völlig verwirklichen, aber das soll nicht heißen,
daß wir nicht danach streben sollten und daß man ihm nicht Schritt für
Schritt ständig näher kommen kann. Was die praktischen Entscheidungen
betrifft, die ein Richter tagtäglich zu fällen hat, genügt es, wenn das Gesetz
Mindest- und Höchststrafen für verschiedene Verbrechen vorsieht. Innerhalb der so vom Gesetz gesteckten Grenzen wird der Richter seinerseits in
jedem einzelnen Straffall bemüht sein, zu entscheiden, was gerecht und
angemessen ist.[94]

9. Die Todesstrafe

Wie im vorigen Abschnitt beobachtet, ist Hegel ein Anhänger der *lex talionis*,
versteht diese jedoch nicht wörtlich als Forderung, daß der Verbrecher zur
Strafe eben das erleiden müsse, was er seinem Opfer angetan hat; vielmehr
deutet er sie als Forderung, daß die Bestrafung dem Verbrechen wertmäßig
proportional sein müsse. Nur für einen Spezialfall gilt diese Deutung nicht:
Mord. Wer einen Menschen ermordet hat, muß sterben; einzig und allein die
Todesstrafe entspricht an Strenge der Schwere des Mords. „Wenn nun bei
der Vergeltung nicht auf spezifische Gleichheit gegangen werden kann, so ist
dies noch anders beim Morde, worauf notwendig die Todesstrafe steht.
Denn da das Leben der ganze Umfang des Daseins ist, so kann die Strafe nicht
in einem *Werte*, den es dafür nicht gibt, sondern wiederum nur in der
Entziehung des Lebens bestehen."[95]
  Zu Hegels Zeit drehte sich die Kontroverse um die Todesstrafe immer
noch um die Argumente, die CESARE BECCARIA in seinem berühmten Werk *Dei
delitti e delle pene* gegen diese Art von Strafe vorgebracht hatte. So hatte sich
auch Hegel mit BECCARIAS Kritik an der Todesstrafe auseinanderzusetzen.

---

[93] Rph. l. c.
[94] Rph. §§ 214 und Z, 216 und Z; VRP Bd 1, 317; Bd 4, 293; *Vorlesungen über die
Philosophie der Religion.* Hrsg. v. G. Lasson. Bd 2. Halbbd 2. Hamburg 1966. 20. — Zu
einer ausführlicheren Erörterung der Frage nach der Proportion zwischen Verbrechen und Strafe siehe *I. Primoratz: On Some Arguments against the Retributive Theory of
Punishment.* In: Rivista Internazionale di Filosofia del Diritto. 56 (1979), 43—60.
48—58; *M. H. Mitias: Is Retributivism Inconsistent Without Lex Talionis?* Ib. 60 (1983),
211—230; *I. Primoratz: Retributivism and the Lex Talionis.* Ib. 61 (1984), 83—94.
[95] Rph § 101 Z. Vgl. VNSW 147; PR 89; *O. K. Flechtheim: Hegels Strafrechtstheorie.* 108.
— Zu Argumenten gegen die auf Vergeltung gegründete Todesstrafe siehe *I. Primoratz: Life for Life.* In: Philosophical Studies (Dublin). 29 (1982), 186—201.

Freilich geht er nicht auf sämtliche Argumente des italienischen Philosophen ein. Etliche davon sind nämlich rein utilitaristischer Art: BECCARIA meint, die Todesstrafe habe keine so abschreckende Wirkung, wie gemeinhin angenommen, dagegen habe sie gewisse sehr unerwünschte Auswirkungen im Erzieherischen, die in der Regel nicht berücksichtigt würden. Diese Argumente übergeht Hegel mit Recht, denn sie legen eine utilitaristische Auffassung von Strafe zugrunde, die ihm völlig fremd ist. Für einen Philosophen wie Hegel, der die Strafe als Vergeltung betrachtet, ist die Tatsache, daß die Todesstrafe gewisse Folgen hat oder nicht hat, für ihre Rechtfertigung irrelevant. Wenn ein Verbrechen begangen worden ist, dessen einzig angemessene Vergeltung die Todesstrafe ist, dann ist dies *ipso facto* die verdiente und gerechte Strafe. In solchen Fällen darf sie von Rechts wegen verhängt werden und muß sogar verhängt werden, ohne Rücksicht auf etwaige Folgen. Dies gilt für Fälle, wenn sie nicht nur gute Folgen zeitigen wird, und sogar für solche, wenn böse Folgen zu erwarten sind. Daher setzt sich Hegel nur mit dem Teil von BECCARIAS Argumentation auseinander, der nicht von der utilitaristischen Strafauffassung ausgeht: BECCARIAS berühmte These, daß die Todesstrafe unzulässig sei, weil man nicht behaupten könne, sie sei in der zuvor erteilten und im Gesellschaftsvertrag beschlossenen Zustimmung des Täters zu solcher Art von Bestrafung begründet.

Laut BECCARIA ruht der Staat auf dem Fundament des Gesellschaftsvertrags, durch dessen Abschluß die Menschen einen Teil ihrer Freiheit dem Staat übertragen haben, der seinerseits ihnen Schutz und Sicherheit und die Möglichkeit bieten muß, den Teil ihrer Freiheit und diejenigen ihrer Rechte, die sie sich vorbehalten haben, zu genießen. Diese Zustimmung von Individuen und die von ihnen dem Staat freiwillig übertragenen Rechte sind die Grundlage und gleichzeitig die Beschränkung von dessen rechtmäßiger Macht, des Zwangs, den er legitimerweise ausüben darf. Dies trifft auch auf die Strafe zu: sie ist dadurch gerechtfertigt, daß Individuen unter anderem zugestimmt haben, Bestrafung auf sich zu nehmen, wenn sie gegen ein Gesetz verstoßen, dessen Verbindlichkeit sie mit Schließung des Gesellschaftsvertrags anerkannt haben. Doch läßt sich diese Rechtfertigung der Strafe, laut BECCARIA, nicht auf die Todesstrafe ausdehnen. Denn man kann nicht vernünftigerweise annehmen, daß ein Individuum, das einen geringeren Teil seiner Freiheit, seiner Rechte, seiner Güter an den Staat abgegeben hat, auf daß dieser ihm das übrige, worauf es nicht verzichtet hat, sichere, dem Verlust des größten aller Güter — der Voraussetzung für den Genuß sämtlicher übrigen Güter, für die Verwirklichung aller übrigen Interessen und Rechte — dem Verlust seines Lebens zustimme.[96]

---

[96] Eine eingehendere Behandlung von Beccarias Argumentation gegen die Todesstrafe in : *I. Primoratz: Kant und Beccaria*. In: Kant-Studien. 69 (1978), 403—421.

In Hegels Augen ist dieses Argument nicht überzeugend, denn es gründet in einer völlig verfehlten Staatsauffassung: der Auffassung, wonach der Staat auf einem Vertrag beruhe. In früherem Zusammenhang wurde das Verhältnis von Hegels Rechts- und Staatsphilosophie zu dem von PLATON im *Staat* vertretenen einseitigen Kollektivismus einerseits und zu dem Individualismus, den Hegel in ROUSSEAUS *Gesellschaftsvertrag* gefunden zu haben glaubte, andererseits, bereits kurz angesprochen.[97] Hegel warf PLATON vor, er habe die Bedeutung des „Prinzips der Subjektivität" nicht richtig erkannt, und betonte, daß die Rechts- und Staatsphilosophie diesem den gebührenden Rang einräumen müsse. Doch bedeute dies für Hegel nicht, daß das Prinzip der Subjektivität zum obersten Grundsatz von Rechts- und Staatsordnung werden dürfe. Im Gegensatz zur Vertragstheorie des Staats, die auf einem konsistenten Individualismus beruht und wonach der Staat nicht Selbstzweck ist, sondern nur ein Mittel zur Förderung von Zielen und Interessen der Einzelnen, trachtet Hegel nach Bekräftigung der klassischen, ethischen Staatsauffassung, die im Staat nicht ein Mittel zur Förderung der Zwecke seiner Bürger erblickt, sondern ein übergeordnetes Ziel, dessen Erreichung seine Bürger zu unterwerfen sind. Der Staat, sagt Hegel, „ist die Wirklichkeit der sittlichen Idee — der sittliche Geist als der *offenbare*, sich selbst deutliche, substantielle Wille, der sich denkt und weiß und das, was er weiß und insofern er es weiß, vollführt," ein „absoluter unbewegter Selbstzweck, in welchem die Freiheit zu ihrem höchsten Recht kommt, sowie dieser Endzweck das höchste Recht gegen die Einzelnen hat, deren *höchste Pflicht* es ist, Mitglieder des Staats zu sein."[98] Erst als Mitglied des Staats kann das Individuum zum Wahren und Sittlichen gelangen.[99] Die Vertragstheorie des Staats sei von Grund auf verkehrt: sie versuche, den Staat und seine Gesetze zu beschreiben und zu erklären, außerdem eine Rechtfertigung dafür zu bieten, und das aufgrund eines Begriffs, der in einen völlig anderen Zusammenhang gehört, nämlich in den von Zivilrecht und Besitzverhältnissen von Leuten untereinander, der wiederum sittlichen Institutionen wie Familie und Staat ganz fremd sei. Somit verunglimpfe diese Theorie den Staat allenfalls, wohingegen dessen ausgesprochen sittliche Substanz, die sein Wesen ausmacht, notgedrungen außerhalb ihrer Reichweite bleibe.[100]

Von diesem verfehlten Ausgangspunkt aus könne BECCARIA auch nur zu einer unhaltbaren Folgerung gelangt sein. „BECCARIA hat dem Staate das Recht zur Todesstrafe bekanntlich aus dem Grunde abgesprochen, weil nicht prä-

---

[97] Vgl. supra 39—42.
[98] Rph §§ 257—258.
[99] Ib. 258 Anm.
[100] Vgl. ib. §§ 75 und Z, 257—258, 281 Anm.

sumiert werden könne, daß im gesellschaftlichen Vertrage die Einwilligung der Individuen, sich töten zu lassen, enthalten sei, vielmehr das Gegenteil angenommen werden müsse," sagt Hegel. „Allein ist der Staat überhaupt nicht ein Vertrag [. . .] noch ist der *Schutz* und die *Sicherung* des Lebens und Eigentums der Individuen als Einzelner so unbedingt sein substantielles Wesen, vielmehr ist er das Höhere, welches dieses Leben und Eigentum selbst auch in Anspruch nimmt und auch die Aufopferung desselben fordert."[101]

Doch gibt Hegel zu, daß BECCARIAS Forderung, daß die Strafe auf der Grundlage der Zustimmung der bestraften Person gerechtfertigt werden müsse, berechtigt sei; der Fehler bei BECCARIA liege nur darin, daß er diese Zustimmung im Gesellschaftsvertrag suche. Denn, wie im Zusammenhang mit der subjektiven Rechtfertigung der Strafe beobachtet, Hegel findet diese Zustimmung im bloßen Begehen des Verbrechens. Durch das Begehen des Mords verkündet der Mörder den Grundsatz, daß ein Mensch dem anderen das Leben nehmen darf, und dieser Grundsatz darf nun von Rechts wegen als sein eigener auf ihn selbst angewendet werden. Somit ist Mord eine Tat, welche die Zustimmung des Mörders zur Todesstrafe schon impliziert.[102]

Hegel hält BECCARIAS theoretischen Standpunkt, was die Todesstrafe betrifft, zwar für verfehlt, doch er lobt den italienischen Philosophen ob der praktischen Auswirkungen, die sein Kampf gegen diese Art der Strafe ausgelöst hat. Unter dem Einfluß von BECCARIA habe man „einzusehen angefangen, was todeswürdige Verbrechen seien, und was nicht. Die Todesstrafe ist dadurch seltener geworden, wie die höchste Spitze der Strafe es auch verdient."[103]

10. Bestrafung und Begnadigung

Eines der geläufigsten Argumente gegen die Vergeltungstheorie der Strafe lautet, sie lasse keinen Raum für Gnade und Vergebung gegenüber dem Verbrecher, ebensowenig für das Institut der Begnadigung. Denn die Pflicht zu strafen gründet in dem begangenen Verbrechen, und wenn das Verbrechen auch der Maßstab für die aufzuerlegende Strafe ist, dann bedeutet Vergebung gegenüber dem Verbrecher einen Verstoß gegen den Ruf der Pflicht und Milderung der Strafe ein Zurückbleiben hinter den Forderungen der Pflicht. Doch wird wohl jedermann zugestehen, daß es Fälle gibt, in denen man Gnade vor Recht ergehen lassen sollte, dem Verbrecher vergeben, ihn

---

[101] Ib. § 100 Anm.
[102] Vgl. supra 50—52; Rph. § 100 Z; VRP Bd 3, 317—319; Bd 4, 290—291.
[103] Rph. l. c.

begnadigen — entweder völlig durch Straferlaß oder teilweise durch Herab-
setzung des Strafmaßes. In solchem Fall wird allerdings die retributive Straftheorie erheblich angekratzt.[104]

Wie an anderer Stelle gezeigt, ist dies jedoch kein Argument gegen die
Vergeltungstheorie der Strafe überhaupt, sondern nur gegen einige ihrer
Formulierungen.[105] Es kommt ganz darauf an, wie man die Pflicht zu strafen
auffaßt. Faßt man sie als eine absolute Pflicht auf, eine Pflicht, die überhaupt
keine Ausnahmen zuläßt und vor jeglicher anderen Pflicht, Regel oder jedem
Ideal, womit sie in Konflikt geraten könnte, den Vorrang hat, dann bleibt
tatsächlich keine Raum für Gnade, Vergebung oder Begnadigung. So hat
KANT die Pflicht zu strafen gesehen. Zwar ließ auch er die Institution der
Begnadigung zu, aber nur als ein Vorrecht des Monarchen, das ausschließlich
in Fällen angewandt werden darf, in denen das Verbrechen sich gegen die
Person des Monarchen gerichtet hat. In sämtlichen übrigen Fällen darf laut
KANT die retributive Gerechtigkeit nicht durch Begnadigung gemindert werden; wollte ein Monarch dies doch tun, so wäre es „das größte Unrecht"
gegenüber seinen Untertanen.[106] An diesem Punkt erinnert KANTS Straftheorie ungemein an das alte Sprichwort: *fiat justitia, pereat mundus.*

Allerdings kann man die Pflicht zu strafen auch anders auffassen: zwar
gegründet auf das begangene Verbrechen, aber doch nicht als absolute
Pflicht, sondern als eine, die in gewissen Fällen eine Ausnahme oder Milderung zuläßt. So sieht Hegel die Sache. Im Gegensatz zu KANT vertritt er die
Auffassung: „*fiat justitia* soll nicht *pereat mundus* zur Folge haben."[107] Daher
kann er die Grundsätze von Gnade und Vergebung anerkennen und der
Einrichtung der Begnadigung, worin sich diese Grundsätze im Bereich der
Strafe auswirken, einen gebührenden Platz einräumen — einen Platz, der
sehr viel geräumiger ist als der dieser Einrichtung bei KANT zugestandene.

Dabei betont Hegel zu Recht den Unterschied zwischen der Auferlegung
von Strafe und dem Aussprechen von Begnadigung. Das Gerichtsverfahren
hat auf der Ebene von Recht und Gerechtigkeit zu laufen: dort wird festgestellt, daß ein Verbrechen begangen worden ist, dessen Schwere bestimmt
und auf dieser Grundlage die diesem angemessene Strafe auferlegt, eine
verdiente, gerechte und daher gerechtfertigte Strafe. Die Bestimmung solcher Strafe ist die Voraussetzung für die Begnadigung; denn Begnadigung ist

---

[104] Vgl. *H. Rashdall: The Theory of Good and Evil.* Oxford 1907. Vol 1, 306—307; *B. Blanshard: Retribution Revisited.* In: *Philosophical Perspectives on Punishment.* Ed. by E. H. Madden et al. Springfield 1968. 59—81. 77—78.

[105] *I. Primoratz: Kantova teorija kazne* (Kants Theorie der Strafe, Serbokroatisch). In: *Filozofske studije.* 6 (1975), 145—234. 218—226.

[106] *I. Kant:* o. c. 165—166.

[107] Rph. § 130.

per definitionem Milderung oder völliger Erlaß von etwas, was eigentlich die verdiente und gerechte Strafe wäre. Sie wird ausgesprochen auf einer ganz anderen Ebene als Recht und Gerechtigkeit und aus ganz anderen Gründen als den bei der Bestimmung der Strafe vor Gericht relevanten. Daher gehört das Recht der Begnadigung nicht dem Gericht zu, sondern ist ein Vorrecht des Monarchen; denn „wer über dem Recht stehen kann, kann auch das Verbrechen als nicht geschehen betrachten."[108] Freilich wird dadurch das Verbrechen nicht ungeschehen gemacht: „Die Begnadigung ist die Erlassung der Strafe, die aber das Recht nicht aufhebt. Dieses bleibt vielmehr, und der Begnadigte ist nach wie vor ein Verbrecher; die Gnade spricht nicht aus, daß er kein Verbrechen begangen habe."[109]

11. Kritik an utilitaristischen Straftheorien

Im Gegensatz zu Vergeltungstheorien der Strafe, die in die Vergangenheit gerichtet sind und die Rechtfertigung der Strafe in dem begangenen Verbrechen finden, sind utilitaristische Theorien in die Zukunft gerichtet und sehen die Rechtfertigung der Strafe in deren guten Folgen. Diese Folgen sind verschiedener Art, und nach den Arten der jeweils angestrebten Folgen lassen sich verschiedene Spielarten von utilitaristischer Strafauffassung unterscheiden. Doch letztendlich hängen all diese Folgen mit der Verhütung von Verbrechen in der Zukunft zusammen: sei es durch Erziehung oder durch Abschreckung, sei es durch Beeinflussung des tatsächlichen Verbrechers oder der potentiellen Verbrecher in der breiteren Öffentlichkeit. Entsprechend läßt sich der Unterschied zwischen der retributivistischen und der utilitaristischen Haltung zur Strafe *in nuce* durch Gegenüberstellung ihres jeweiligen Grundprinzips fassen: *punitur quia peccatum est* gegenüber *punitur ut ne peccetur.*

Wie in dem vorangegangenen Kapitel beobachtet, hat sich Hegel bereits in seinen Ausführungen zur Strafe in seinen Schriften aus der Frankfurter und Jenaer Zeit wiederholt kritisch mit der utilitaristischen Strafauffassung auseinandergesetzt.[110] In seiner *Rechtsphilosophie* und in den Vorlesungen über Rechtsphilosophie unterzog er utilitaristische Straftheorien einer systematischen und eingehenden Kritik. Seine Argumente richten sich gegen die Lehren von ERNST FERDINAND KLEIN und ANSELM FEUERBACH, zwei herausragen-

---

[108] VRP Bd 4, 287.
[109] Rph. § 282 Z. Vgl. ib. §§ 132 Anm, 282; VRP Bd 2, 361; Bd 3, 325—326, 768; Bd 4, 287—288, 684.
[110] Vgl. supra, 19, 21—24.

den Vertretern des Utilitarismus in der damaligen deutschen Strafrechtstheorie;[111] doch treffen sie auf die utilitaristische Anschauung im allgemeinen zu.

Hegel beurteilt die utilitaristische Haltung zur Strafe als gekennzeichnet
durch Oberflächlichkeit, Willkür und Verwirrung. Die Oberflächlichkeit tritt
bereits in dem beliebtesten Argument der Utilitaristen gegen die retributivistische Anschauung deutlich zutage. Kritiker des Retributivismus wie KLEIN
haben eingewandt, es sei unvernünftig, willkürlich und schlechterdings unannehmbar zu verlangen, daß ein Übel, das bereits begangen und nicht mehr
rückgängig zu machen ist, nämlich das begangene Verbrechen, von einem
weiteren Übel gefolgt werde, nämlich von der Strafe. Dieses Argument
beruht auf einer unhaltbaren und willkürlichen Beschreibung von Verbrechen und Strafe, als seien sie im wesentlichen Übel; dies führt zu einer
Verwirrung verschiedener Aspekte der Strafe, die zwar in gewissem Zusammenhang von Bedeutung sein mögen, doch mit dem Wesen der Strafe
und seiner Rechtfertigung nichts zu tun haben. Ein Verbrechen ist zweifellos
ein Übel, auch Strafe ist ein Übel (zumindest für den Bestraften); doch ist dies
nicht das wesentliche Merkmal weder des Verbrechens noch der Strafe, auch
ist es für deren Rechtfertigung nicht von Bedeutung. Aus der Perspektive des
Rechts ist Übel als solches etwas Neutrales; ein Mensch kann anderen sehr
viel Böses tun, ohne dadurch gegen ein Gesetz zu verstoßen, ohne eine
strafbare Tat zu begehen.[112] Ein Verbrechen ist in erster Linie ein Verstoß
gegen das Gesetz, ein Unrecht; Strafe dagegen ist dessen Negation und die
Wiederherstellung von Recht und Gesetz. Und wenn es um die Frage nach
ihrer Rechtfertigung geht, ist zu bedenken, daß Gerechtigkeit das einzig
hierfür relevante Kriterium sein darf.

„Wenn das Verbrechen und dessen Aufhebung [...] nur als ein *Übel* über-
haupt betrachtet wird, so kann man es freilich als unvernünftig ansehen, ein
Übel bloß deswegen zu wollen, *weil schon ein anderes Übel vorhanden ist* (KLEIN,
Grunds. des peinlichen Rechts, § 9 f.). Dieser oberflächliche Charakter eines

---

[111] Der heutzutage fast vergessene Ernst Ferdinand Klein (1714—1810) war einer
der Verfasser des Entwurfs zur ersten Kodifizierung des preußischen Rechts, Allgemeines Landrecht für die preußischen Staaten (1794). Anselm Feuerbach (1775—
1833) gilt als der Begründer der modernen deutschen Strafrechtstheorie und als einer
der größten deutschen juristischen Denker. Hegel führt Kleins *Grundsätze des gemeinen
deutschen und preußischen peinlichen Rechts* (1796) an, und bei seiner Auseinandersetzung
mit Feuerbach stützt er sich auf dessen *Lehrbuch des gemeinen in Deutschland geltenden
peinlichen Rechts* (1801). Beide Verfasser waren Anhänger der Abschreckungstheorie;
Feuerbachs Variante dieser Theorie war als Theorie des psychischen Zwanges bekannt.

[112] N. *Hartmann: Die Philosophie des deutschen Idealismus*. Berlin 1960. 515.

Übels wird in den verschiedenen Theorien über die Strafe, der Verhütungs-, Abschreckungs-, Androhungs-, Besserungs- usw. Theorie, als das Erste vorausgesetzt, und was dagegen herauskommen soll, ist ebenso oberflächlich als ein *Gutes* bestimmt. Es ist aber weder bloß um ein Übel, noch um dies oder jenes Gute zu tun, sondern es handelt sich bestimmt um *Unrecht* und um *Gerechtigkeit*. Durch jene oberflächliche Gesichtspunkte aber wird die objektive Betrachtung der *Gerechtigkeit*, welche der erste und substantielle Gesichtspunkt bei dem Verbrechen ist, beiseite gestellt, und es folgt von selbst, daß der moralische Gesichtspunkt, die subjektive Seite des Verbrechens, vermischt mit trivialen psychologischen Vorstellungen von den Reizen und der Stärke sinnlicher Triebfedern gegen die Vernunft, von psychologischem Zwang und Einwirkung auf die Vorstellung (als ob eine solche nicht durch die Freiheit ebensowohl zu etwas nur Zufälligem herabgesetzt würde) — zum Wesentlichen wird. Die verschiedenen Rücksichten, welche zu der Strafe als Erscheinung und ihrer Beziehung auf das besondere Bewußtsein gehören, und die Folgen auf die Vorstellung (abzuschrecken, zu bessern u.s.f.) betreffen, sind an ihrer Stelle, und zwar vornehmlich bloß in Rücksicht der *Modalität* der Strafe, wohl von wesentlicher Betrachtung, setzen aber die Begründung voraus, daß das Strafen an und für sich *gerecht* sei. In dieser Erörterung kommt es allein darauf an, daß das Verbrechen und zwar nicht als die Hervorbringung eines Übels, sondern als Verletzung des Rechts als Rechts aufzuheben ist, und dann welches die *Existenz* ist, die das Verbrechen hat und die aufzuheben ist; sie ist das wahrhafte Übel, das wegzuräumen ist, und worin sie liege, der wesentliche Punkt; solange die Begriffe hierüber nicht bestimmt erkannt sind, so lange muß Verwirrung in der Ansicht der Strafe herrschen."[113]

Nach der Vergeltungstheorie besteht die Rechtfertigung der Strafe in dem begangenen Verbrechen: wer ein Verbrechen begangen hat, darf und muß eben daraufhin bestraft werden. Er hat durch sein Verbrechen Strafe verdient, und es ist gerecht, daß er diese erhält. Dadurch, daß die retributivistische Theorie das Problem der Strafe solchermaßen angeht und mit Begriffen wie verdiente Strafe und Gerechtigkeit arbeitet, behandelt sie den Verbrecher als ein mündiges, verantwortliches, freies, vernünftiges Wesen, ein Wesen mit Würde; mit einem Wort gesagt, sie respektiert den Menschen in ihm. Außerdem stellen Retributivisten die Strafe als ein Recht des Verbrechers dar, behandeln ihn somit als Besitzer von Rechten, respektieren ihn als Person. Dagegen verlieren utilitaristische Straftheorien diesen ausgesprochen sittlichen Kontext der Strafe völlig aus den Augen; sie betrachten die

---

[113] Rph. § 99 Anm. Vgl. VNSW 54; PR 86; Rph. § 101 Anm; VRP Bd 1, 277; Bd 2, 361; Bd 3, 311; Bd 4, 286—288, 291.

Strafe als Mittel zur Erreichung von Zwecken. Verständlicherweise können
sie dem Verbrecher keine Mündigkeit, Verantwortwortlichkeit, Freiheit zu-
billigen, auch seine Rechte nicht achten. Ganz im Gegenteil, solche Theorien
entwürdigen den Bestraften allesamt. Denn wenn man die Strafe als eine
Mittel zu seiner Besserung betrachtet, behandelt man ihn dadurch als ein
unmündiges, unverantwortliches, unfreies Wesen, das man entsprechend
den eigenen Vorstellungen vom Normalen und sozial Erstrebenswerten
ummodeln kann. Wenn die Strafe ein Mittel ist, um den Verbrecher daran zu
hindern, ein weiteres Mal gegen das Gesetz zu verstoßen, dann wird er nicht
anders behandelt als ein wildes gefährliches Tier, das man an die Kette legt,
einsperrt oder gar tötet, damit es keinen anfallen kann. Schließlich, wenn die
Strafe ein Mittel der Abschreckung ist, dann wird der Verbrecher — und
jeder andere mit ihm, denn die Drohung richtet sich sowohl an ihn als an
sämtliche potentielle Verbrecher innerhalb der Öffentlichkeit — auf das
Niveau eines Kindes oder gar Hundes herabgewürdigt, der mit Stockschlä-
gen bedroht wird, damit er nicht mehr tut, was er nicht tun soll:

„Daß die Strafe [...] als *sein* eigenes Recht enthaltend angesehen wird,
darin wird der Verbrecher als Vernünftiges *geehrt*. — Diese Ehre wird ihm
nicht zuteil, wenn aus seiner Tat selbst nicht der Begriff und der Maßstab
seiner Strafe genommen wird; — ebensowenig auch, wenn er nur als schädli-
ches Tier betrachtet wird, das unschädlich zu machen sei, oder in den
Zwecken der Abschreckung und Besserung. [...] Die Feuerbachische Straftheorie begründet die Strafe auf Androhung und meint, wenn jemand trotz
derselben ein Verbrechen begehe, so müsse die Strafe erfolgen, weil sie der
Verbrecher früher gekannt habe. Wie steht es aber mit der Rechtlichkeit der
Drohung? Dieselbe setzt den Menschen als nicht Freien voraus, und will
durch die Vorstellung eines Übels zwingen. Das Recht und die Gerechtigkeit
müssen aber ihren Sitz in der Freiheit und im Willen haben, und nicht in der
Unfreiheit, an welche sich die Drohung wendet. Es ist mit der Begründung
der Strafe auf diese Weise, als wenn man gegen einen Hund den Stock erhebt,
und der Mensch wird nicht nach seiner Ehre und Freiheit, sondern wie ein
Hund behandelt. Aber die Drohung, die im Grunde den Menschen empören
kann, daß er seine Freiheit gegen dieselbe beweist, stellt die Gerechtigkeit
ganz beiseite."[114]

---

[114] Rph §§ 100 Anm, 99 Z. Vgl. VNSW 54—55; PR 86—87; Rph. § 132 Anm;
Vorlesungen über die Philosophie der Geschichte. SW Bd 11, 179—180.

IV. DIE VERGELTUNGSTHEORIE UND DER STATUS QUO

Eines der am häufigsten gegen die Vergeltungstheorie vorgebrachten Argumente wirft ihr vor, sie sei im Grunde konservativ, d.h. ihr Anliegen sei die Verteidigung der jeweiligen politischen und sozialen Ordnung, jeglichen positiven Rechtes, wie unvernünftig, ungerecht oder sonst anfechtbar diese auch sein mögen.

Einer der ersten, der diesen Einwand erhob, war KARL MARX. In einem Aufsatz über die Todesstrafe in der *New York Daily Tribune* von 1853 äußerte sich MARX zu beiden Straftheorien, zur utilitaristischen und zur retributiven. Erstere lehnte er in Bausch und Bogen ab, da sie ihm einerseits moralisch unannehmbar, andererseits auf falsche empirische Voraussetzungen gegründet erscheint.[1] Die Vergeltungstheorie von KANT und Hegel schätzt er als die einzige, welche die Menschenwürde des Verbrechers anerkennt und ihn nicht zu einem manipulierbaren Gegenstand herabwürdigt, sondern als ein freies, sich selbst bestimmendes Wesen behandelt.[2] Doch bei genauerem Hinsehen, sagt MARX, „entdecken wir, daß der deutsche Idealismus hier, wie in den meisten andern Fällen, nur die Gesetze der bestehenden Gesellschaft durch übersinnliche Argumente sanktioniert."[3]

MARX führt dies nicht näher aus, doch ist der Sinn des Einwands ganz klar. Das einzige Moment, auf das sich die Vergeltungstheorie zur Rechtfertigung der Strafe bezieht, ist das Verbrechen. Auf die bloße Tatsache hin, daß jemand ein Verbrechen begangen hat, behaupten die Anhänger dieser Theorie, besteht das Recht, ihn zu bestrafen; keine weitere Rechtfertigung ist erforderlich. Wenn sie auf dem begangenen Verbrechen als notwendige und ausreichende Grundlage für die Rechtfertigung der für dieses Verbrechen verhängten Strafe bestehen, haben sie damit nicht eine Theorie aufgestellt, die sich in den Dienst jeglicher sozialen Ordnung, jeglichen politischen und Rechtssystems, jeglichen positiven Strafrechts nehmen läßt und auch tatsächlich genommen wird? Könnte diese Theorie nicht zum Beispiel dazu verwendet werden, auf der Grundlage der in Deutschland zur NS-Zeit herrschenden Gesetze oder des heutzutage in Südafrika herrschenden Prinzip der Apartheid ausgesprochene Strafen zu rechtfertigen? War im Sinne dieser Theorie die Bestrafung jedes Deutschen, der in den Jahren 1935 bis 1945 gegen die „Reinheit der arischen Rasse", wie in den schmachvollen

---

[1] K. *Marx: Die Todesstrafe.* In: K. *Marx und F. Engels: Werke.* Bd 8. Berlin 1960. 506—507.
[2] Ib. 507—508.
[3] Ib. 508.

Nürnberger Gesetzen festgelegt, verstoßen hatte, nicht gerechtfertigt, da der Betreffende doch diese Gesetze übertreten und somit ein Verbrechen begangen hatte? Muß ein Vertreter der retributiven Straftheorie heutzutage nicht die Bestrafung jedes Südafrikaners, der gegen die Vorschriften der Apartheid verstößt, als gerechtfertigt anerkennen, da er doch durch Übertreten dieser Gesetze ein Verbrechen begangen hat?

Es läßt sich ohne weiteres zeigen, daß solche Folgerungen nicht auf der Linie der Vergeltungstheorie liegen und daß solche Art von Kritik aus einer falschen Auffassung dieser Theorie hervorgeht. Solche Folgerungen würde sie nur dann zeitigen, wenn sie logisch mit einer Rechtsphilosophie verknüpft wäre, nach der schlechterdings jedes positive Recht, was immer sein Inhalt, gewahrt werden muß, aus dem einfachen Grunde, weil es ein *positives Recht* ist. So ist jedoch Hegels Rechtsphilosophie nicht geartet. Es hat zwar Hegel-interpreten und -kritiker gegeben, die seine Kritik an der traditionellen Naturrechtstheorie dahingehend verstanden haben, daß der deutsche Philosoph keinerlei Recht zulasse, welches dem jeweils im Lande regierenden übergeordnet sei, keinen Standpunkt, der über die Ebene des positiven Rechts hinausreicht, so daß er die Möglichkeit bietet, solches herrschende Recht als gerecht oder ungerecht, vernünftig oder unvernünftig, legitim oder illegitim zu beurteilen. Doch beruhen solche Deutungen auf einer recht oberflächlichen Kenntnis von Hegels Ausführungen, und daran krankt die darauf gegründete Kritik. In dem vorhergehenden Kapitel wurde gezeigt, daß laut Hegel schon das Grundprinzip des Rechts gewisse Gesetze als unrechtmäßig disqualifiziert. Das Prinzip gebietet, daß Menschen als Personen behandelt werden; somit bleiben sämtliche Gesetze, die mit der Einrichtung der Sklaverei zusammenhängen, mögen sie nach allen gesetzgeberischen Normen erlassen, durch das Rechtssystem voll gestützt und außerordentlich wirksam durchgeführt sein, doch im Gegensatz zu Recht und Gerechtigkeit, der Vernunft unannehmbar und somit illegitim. Dasselbe gilt für alle Gesetze, nach denen Menschen aufgrund ihrer Rasse, Nationalität oder Religion diskriminiert werden.[4] So hätte Hegel auf den Vorwurf, er befürworte die Bestrafung derjenigen, die gegen die Nürnberger Gesetze oder gegen die Vorschriften der Apartheid verstoßen hätten, ganz schlicht mit dem Grundprinzip seiner Rechtsphilosophie erwidern können und entgegnen: „*der Mensch gilt so, weil er Mensch ist*, nicht weil er Jude, Katholik, Protestant, Deutscher, Italiener u.s.f. ist."[5] Außerdem benützt Hegel ja ungescheut ganz ethische Terminologie, wenn er Gesetze angreift, die seines Erachtens im Widerspruch zur Vernunft und zur Gerechtigkeit stehen. Ein

---

[4] Siehe supra, 32.
[5] Rph. § 209.

schlagendes Beispiel dafür sind seine Ausführungen über die Gesetze im Zusammenhang mit der Gewalt des *pater familias* im antiken Rom: „Eine Rechtsbestimmung kann sich aus den *Umständen* und *vorhandenen* Rechts-Institutionen als vollkommen *gegründet* und *konsequent* zeigen lassen und doch an und für sich unrechtlich und unvernünftig sein," sagt Hegel, „wie eine Menge der Bestimmungen des römischen Privatrechts, die aus solchen Institutionen, als die römische väterliche Gewalt, der römische Ehestand, ganz konsequent flossen."[6] Zu wiederholten Malen bezeichnet er diese Gesetze als „unsittlich" und verweist auf ihre „unsittlichen Folgen", stellt außerdem fest, durch solche Gesetze sei „dem Verderben der Sitten ein gesetzlicher Weg gebahnt, oder vielmehr die Gesetze sind die Notwendigkeit desselben."[7] Mit der überwiegenden Mehrheit der antiken wie modernen Rechtsphilosophen vertritt Hegel die Auffassung — in der viele eine notwendige Voraussetzung für jegliches ausgesprochen philosophische Nachdenken über Gesetze gesehen haben — daß die Verbindlichkeit des positiven Rechts nur so weit reicht wie seine *Rechtmäßigkeit*.[8] Was den Vorwurf betrifft, Hegels Philosophie biete der Idee des Naturrechts keinerlei Raum, so weist Hegel selbst diesen bereits in der Einleitung zu seiner *Rechtsphilosophie* zurück: „Daß das Naturrecht oder das philosophische Recht vom positiven verschieden ist, dies darein zu verkehren, daß sie einander entgegengesetzt und widerstreitend sind, wäre ein großes Mißverständnis; jenes ist zu diesem vielmehr im Verhältnis von Institutionen zu Pandekten."[9]

Eine eingehende Erörterung der Kriterien, die ein Gesetz laut Hegel erfüllen muß, um als vernünftig, gerecht, rechtmäßig und legitim anerkannt zu werden, wäre mit der Aufrollung von gewichtigen und zugestandenermaßen strittigen Fragen seiner Rechts-, Staats- und Geschichtsphilosophie verbunden und kann hier aus verständlichen Gründen nicht geleistet werden. Statt dessen sei noch eine allgemeine Bemerkung zu dem Vorwurf gemacht, die Vergeltungstheorie der Strafe als solche habe konservative Implikationen.

Der retributivistische Hauptsatz, das begangene Verbrechen sei die einzige Rechtfertigung der Strafe — der einzige Grund für das Strafrecht des Staates und die ausschließliche Grundlage seiner Strafpflicht — versteht unter „Verbrechen" nicht jede Tat, die sich neutral als solches bezeichnen läßt, die man im *konventionellen* Sinn ein „Verbrechen" nennen kann — d.h. jegliche Verletzung irgendeines Strafrechts einschließlich solcher Gesetze, die unvernünftig und ungerecht und folgendermaßen in jedem anderen als dem strikten, rein legalistischen Sinn von Legitimität illegitim sind. Vielmehr

---

[6] Ib. § 3 Anm.
[7] Ib. § 180 Anm.
[8] Ib. § 212.
[9] Ib. § 3 Anm.

wird dort von einem *normativen* Verständnis der Vokabel „Verbrechen" aus-
gegangen — d.h. gemeint sind nur Verletzungen *legitimen* Strafrechts. Und
dies aus gutem Grund: andernfalls gelangte man zu dem unangenehmen,
wenn nicht geradezu paradoxen Schluß, es sei mitunter *legitim*, einen Menschen gerade und ausschließlich dafür zu bestrafen, daß er gegen ein *illegitimes* Gesetz verstoßen hat.

Welche Gesetze als legitim anzuerkennen sind und was für Taten daraufhin als Verbrechen in diesem speziellen, normativen Sinne zählen — das ist
eine der Grundfragen von Rechts- und Staatsphilosophie, die über den
relativ engen Bereich der Strafphilosophie weit hinausreicht. Die Beantwor-
tung dieser Frage wird die Möglichkeiten der Rechtfertigung von Strafe auf
retributiver Grundlage einschränken. Vom Inhalt der Vergeltungstheorie
her kann man von ihren Vertretern erwarten, daß sie bei ihren Betrachtungen zu Legitimität oder Illegitimität von Gesetzen Grundsätzen wie Gerechtigkeit und Freiheit entscheidende Bedeutung zumessen; man darf ferner
erwarten, daß ihnen strafwürdiges Verhalten als, in gewissem Sinne, freies
und verantwortliches Tun des Menschen gilt. Doch darüber hinaus sind
Anhänger der retributivistischen Straftheorie als solche nicht an irgendeine
spezifische Antwort gebunden, welche Gesetze legitim, d.h. was für Taten als
Verbrechen zu werten seien.

Um nun auf die vorhin genannten Beispiele zurückzukommen — wenn ein
Anhänger der Vergeltungstheorie der Strafe die Bestrafung von Personen
rechtfertigen wollte, die gegen die Apartheid-Gesetze in Südafrika verstoßen
haben, dürfte er sich in jedem einzelnen Fall nicht mit der Feststellung
begnügen, daß der Beschuldigte die ihm zur Last gelegte Tat tatsächlich
begangen hat, und das obwohl er das Gesetz auch hätte wahren können,
sondern er müßte auch von der Voraussetzung ausgehen, daß diese Gesetze
legitim sind. Wenn er sie nicht als legitim anerkennen kann, muß seine
Beurteilung von Strafen, die für Übertretung dieser Gesetze verhängt werden, erheblich anders ausfallen. Dann muß er sagen, daß das Tun der Angeklagten zwar aus der Sicht des in der Südafrikanischen Republik herrschenden positiven Rechts und der dortigen Exekutive, sowie der gesamten Öffentlichkeit, welche die Apartheid als legitim betrachtet, ein Verbrechen ist,
doch muß er gleich hinzufügen, daß er diese Meinung nicht teilt, nicht an die
Legitimität dieser Gesetze glaubt, und daher in ihrer Übertretung allenfalls
Verbrechen im herkömmlichen Sinne sehen kann, aber nicht in dem normativen Sinne, der allein maßgeblich ist, wenn auf retributivistischer Grundlage
über die Rechtmäßigkeit oder Unrechtmäßigkeit bestimmter Strafen zu entscheiden ist. Und er muß darauf bestehen, daß in *diesem* Sinne kein Verbrechen vorliegt, von daher auch keinerlei Rechtfertigung für Strafe.

V. DIE STRAFE ALS AUFHEBUNG DES VERBRECHENS

In ihrer vollständigsten Form enthält die retributive Straftheorie fünf Grundthesen: (1) das begangene Verbrechen ist die einzige Grundlage für das Recht zu strafen, (2) es ist auch die einzige Quelle für die Pflicht zu strafen, (3) die Strafe muß dem Verbrechen angemessen sein, (4) sie hebt das Verbrechen auf und (5) sie ist ein Recht des Verbrechers. Davon sind die ersten drei allen konsequenten Vertretern des Retributivismus gemeinsam, die vierte und fünfte dagegen sind Hegels *proprium*: sie wurden in Hegels Straftheorie erstmals ausdrücklich formuliert und systematisch vertreten. Diese beiden letzten Thesen haben in der Literatur zum Problem der Strafe im allgemeinen und zu Hegels Straftheorie im besonderen verschiedene Deutungen erfahren und sind auf harten Widerstand gestoßen. Doch lassen sich beide meines Erachtens sinnvoll deuten und auch gegen die vorgebrachten Einwände verteidigen, was in den beiden nun folgenden Kapiteln geschehen soll.

Der günstigste Ausgangspunkt für eine Erörterung der These, daß die Strafe das Verbrechen aufhebe, ist eben das am häufigsten dagegen vorgebrachte Argument. Es lautet schlicht folgendermaßen: Sobald ein Verbrechen begangen ist, tritt es zurück als ein Stück Vergangenheit und läßt sich genausowenig ungeschehen machen wie irgend ein anderer vergangener Vorgang, weder durch Strafe noch durch irgendein sonstiges Mittel. So stellt etwa WALTER H. MOBERLY die Frage: „Wenn eine Tat einmal getan ist, in was für einem Sinne, wenn überhaupt, soll man sich dann vorstellen, sie ungeschehen zu machen? Das Bedürfnis, die Taten ungeschehen zu machen, die wir am meisten bedauern, ist zwar zutiefst im Menschen verwurzelt, und viele religiöse Phänomene lassen sich darauf zurückführen. Doch realistisch betrachtet ist die Vorstellung vom Ungeschehenmachen des Vergangenen völlig phantastisch, im Grunde nicht weniger absurd als rührend. Ihr zugrunde liegt mangelnde Bereitschaft, sich mit unangenehmen Tatsachen auseinanderzusetzen; sie ist nicht nur dumm, sondern schädlich. Soweit nämlich das Trachten nach diesem unmöglichen Ideal das Tun von Menschen beeinflussen darf, lassen diese sich davon abhalten, Verbrecher wahrhaft rational und menschlich zu behandeln."[1]

---

[1] W. *Moberly: Some Ambiguities in the Retributive Theory of Punishment.* In: Proceedings of the Aristotelian Society. 25 (1924/5), 289—304. 303. Vgl. *J. Popper—Lynkeus: Philosophie des Strafrechts.* Wien 1924. 19; *F. Hartz: Wesen und Zweckbeziehung der Strafe.* Münster i. Westf. 1914. 35; *A. C. Ewing: The Morality of Punishment.* London 1929. 92.

In anderem Zusammenhang sucht derselbe Verfasser seine Kritik an der
These von der Aufhebung des Verbrechens durch die Strafe durch den
Hinweis darauf zu stützen, daß wir deren Implikation praktisch nicht akzeptieren. Glaubten wir wirklich, daß die Strafe das Verbrechen aufhebt, dann
müßte unsere Einstellung zu einem Verbrecher, der seine Strafe verbüßt hat,
genau dieselbe sein wie vor dem Verbrechen. Dann müßten wir zum Beispiel
einem Menschen, der uns bestohlen hat, wieder genauso vertrauen wie
vorher. Aber das tun wir natürlich nicht und können es auch gar nicht.[2]

Andere Philosophen deuten die These von der Strafe als Aufhebung des
Verbrechens als eine verkappte utilitaristische Lehre. So schreibt etwa AN-
THONY M. QUINTON: „Die Lehre von der ‚Aufhebung' ist zwar sorgfältig ver-
schleiert durch eine obskure Phraseologie, doch ist sie im Prinzip eindeutig
utilitaristisch. Sie geht nämlich davon aus, daß die Strafe einen Zustand
herbeiführen soll, in dem alles so ist, als wäre die böse Tat nie geschehen. Das
aber ist Rechtfertigung der Strafe durch ihre Wirkung, durch die erwünsch-
ten Folgen, welche sie zeitigt."[3] Im selben Sinne deutet STANLEY I. BENN die
These von der Aufhebung des Verbrechens und fügt hinzu, sie sei deshalb
falsch, weil „sich etwas Böses einzig und allein durch Wiederherstellung oder
Entschädigung aufheben läßt, die Strafe aber ist keines von beiden."[4]

QUINTON und BENN bleiben bei dieser Einordnung der These von der Aufhebung als utilitaristisch stehen und greifen die sich daraufhin naheliegende
Frage, welcher der beiden utilitaristischen Haupttheorien sie zugehöre, nicht
auf. Eine Antwort darauf bietet ALFRED C. EWING: nach seiner Deutung ist die
These von der Aufhebung des Verbrechens durch die Strafe eine Vorweg-
nahme seiner eigenen „erzieherischen" Straftheorie. Die böse Tat selbst und
das darin enthaltene Böse lassen sich nicht aufheben, denn sie gehören der
Vergangenheit an. Doch läßt sich etwas anderes aufheben: zum einen das
sittliche Böse im Charakter des Verbrechers;[5] zum anderen die unerwünschte Wirkung des Verbrechens als Vorbild für die Öffentlichkeit, im
Hinblick auf die Neigung der Leute, das Gesetz zu wahren oder zu übertreten. Beide lassen sich zumindest bis zu einem gewissen Grade durch die
Strafe aufheben. Die Strafe sei im wesentlichen ein Ausdruck der nachdrück-
lichen moralischen Verurteilung, mit der die Gesellschaft auf das Verbrechen
reagiere:

---

[2] W. Moberly: The Ethics of Punishment. London 1968. 186, 197.

[3] A. M. Quinton: On Punishment. In: The Philosophy of Punishment. Ed. by H. B. Acton.
London 1969. 55—64. 56.

[4] S. I. Benn: An Approach to the Problems of Punishment. In: Philosophy. 33 (1958),
321—341. 328.

[5] A. C. Ewing: o. c. 22.

„Hier ist zu unterscheiden zwischen dem sittlich Bösen der Tat selbst und deren sittlich schädlicher Wirkung. Ersteres läßt sich nicht aufheben, weil man Vergangenes nicht ungeschehen machen kann, doch bei letzterem ist dies in gewissem Maße möglich. Eine der Hauptwirkungen der Tat besteht darin, daß sie die Wahrscheinlichkeit solcher Taten in der Zukunft sowohl vonseiten des Täters selbst als auch vonseiten anderer erhöht. Mit der Tat wird ein Präzedenzfall geschaffen, und wenn nichts dagegen unternommen wird, drängt ein Beispiel auf Nachahmung. Ein unbestraftes Verbrechen ermutigt zum Begehen weiterer, und versäumte Bestrafung macht das Gesetz und die es ausführenden Organe verächtlich. Wie ist dem Einhalt zu gebieten? Durch beständiges Nichts-Tun würde der Staat den Bruch seiner eigenen Gesetze stillschweigend gutheißen. Daher die Notwendigkeit, das schlechte Beispiel ‚aufzuheben‘. Die bereits geschehene Tat als solche können wir nicht aufheben, wohl aber ihre sittlichen Auswirkungen. Insofern diese Auswirkungen auf dem Vorbildcharakter des Verbrechens beruhen, müssen sie durch ein Gegenbeispiel aufgehoben werden; insofern sie mit Mißachtung und Abschwächung des Gesetzes zusammengehen, muß das Gesetz wiederbehauptet werden, und zwar nachdrücklich. Dies geschieht durch sittliche Verurteilung, und Menschen mit verbrecherischen Neigungen oder solche am Abgrund der Kriminalität würden die sittliche Verurteilung wohl kaum ernstnehmen, wenn ihr nicht durch Auferlegung einer Strafe Nachdruck verliehen würde."[6]

Auf diese Weise fungiert die Strafe als Mittel der sittlichen Erziehung sowohl des Verbrechers als auch der Gemeinschaft insgesamt. Die Strafe ist eben dadurch gerechtfertigt, daß sie eine nachdrückliche sittliche Verurteilung ist, mit der die Gesellschaft auf das begangene Verbrechen reagiert, und somit zur sittlichen Erziehung dient. Dies sei gleichzeitig die einzig sinnvolle und überzeugende Deutung der These von der Aufhebung des Verbrechens durch die Strafe.[7] EWING meint auch, „etwas Derartiges müsse Hegel im Sinn gehabt haben," als er seine These aufstellte.[8]

In diesem Zusammenhang nimmt EWING auch Bezug auf BERNARD BOSANQUET, unter den britischen Hegelianern derjenige, der Hegels Anschauungen im Bereich von Ethik, Rechts- und Staatsphilosophie am treuesten verficht. In seinem Buch *Some Suggestions in Ethics* vertritt BOSANQUET tatsächlich die Auffassung vom Verbrechen als einem „schlechten Beispiel", dem entsprechend durch Strafe begegnet werden müsse. Die Strafe ist Unterdrückung, angewandt auf den Willen und die Person des Verbrechers; sie bringt die

---

[6] Ib. 101.
[7] Ib. 22, 100—102.
[8] Ib. 102.

sittliche Verurteilung seiner Tat zum Ausdruck und dient somit zur „Auf-
rechterhaltung des sittlichen Niveaus von Gemeinsinn und Gemeinwillen,
die andernfalls durch Aufnahme und Bewahrung einer Tat, die eine dem
sittlichen Willen entgegengesetzte Regel impliziert, beeinträchtigt würden."
Darin besteht, laut BOSANQUET, die wahre Bedeutung des „Aufhebungsprin-
zips", welches „Grundlage und Wesen der Strafe" ausmacht.[9] Somit ist EWINGS
Deutung der Aufhebungsthese in Beziehung auf BOSANQUET recht einleuch-
tend, denn dieser britische Hegelianer, der in seinem früheren Werk *The
Philosophical Theory of the State* eine retributivistische Anschauung (wenn auch
nicht ganz so konsistent) vertreten hatte, erreichte nun in *Some Suggestions in
Ethics* die Position einer erzieherischen Straftheorie. Es läßt sich nicht leugnen, daß einige Formulierungen bei Hegel eine solche Deutung zu unterstüt-
zen scheinen; einige davon wurden im Vorangegangenen bereits zitiert.[10] So
könnte in erster Linie Hegels Satz „die Strafe ist selbst ein Exempel gegen das
Exempel des Verbrechens"[11] als Hinweis in diese Richtung gedeutet werden.

Nichtsdestotrotz wäre eine solche Deutung völlig verfehlt. Zunächst ist
dagegen einzuwenden, daß die Tatsache, daß Hegel selbst die utilitaristische
Haltung zum Problem der Strafe ausdrücklich und energisch zurückgewie-
sen und gewichtige Einwände gegen ihre beiden Hauptvarianten vorbringt,
völlig außer Acht gelassen wird. Zugestandenermaßen ist dies kein unbedingt zwingendes Argument; es kommt durchaus vor, daß selbst große
Philosophen Gedanken heftig angreifen und scheinbar völlig zurückweisen,
denen sie an manchen Punkten doch recht nahe stehen. Deshalb läßt sich
eine solche Möglichkeit auch in Hegels Fall nicht von vornherein völlig von
der Hand weisen. Doch sollte jeder Kommentator und Kritiker von Hegels
Straftheorie dessen Kritik an der utilitaristischen Auffassung der Strafe
wenigstens zum Anlaß nehmen, nach einer anderen, nicht-utilitaristischen
Deutungsmöglichkeit der Lehre von der Aufhebung zu suchen. Und erst wer
sich von der Unmöglichkeit einer solchen Alternativinterpretation überzeugt
hat, darf dann mit QUINTON, BENN und EWING den Schluß ziehen, daß eine der
Grundthesen von Hegels Straftheorie eigentlich utilitaristischer Natur ist.

Sowohl die Einwände gegen die These von der Aufhebung des Verbrechens durch die Strafe als auch deren utilitaristische Deutung haben Hegels
Rede von der wesenhaften „Nichtigkeit" des Verbrechens und seiner „Vernichtung", seiner Aufhebung durch die Strafe mißverstanden. Wie oben
gesehen legt Hegel bei seiner Kritik an der utilitaristischen Straftheorie
großen Wert darauf, daß wo es um die Rechtfertigung der Strafe geht, das

---

[9] Vgl. B. *Bonsanquet: Some Suggestions in Ethics.* London 1918. 189—195.
[10] Vgl. supra, 47.
[11] Rph. § 218 Z.

Verbrechen nicht in erster Linie als ein Übel und die Strafe als ein weiteres Übel gesehen werden darf.[12] Entsprechend darf man auch die These von der Aufhebung des Verbrechens nicht so verstehen, als bezöge sie sich auf die Beseitigung des Verbrechens als eines Übels, d.h. die Beseitigung dessen, was das Verbrechen zu einem Übel macht, nämlich der Tat selbst und ihrer bösen Folgen. Zweifellos läßt sich eine einmal geschehene Tat nicht mehr aufheben; zweifellos wird die These von er Aufhebung zu einer utilitaristischen, wenn das Aufzuhebende die eine oder andere Folge der Tat sein soll. Aber Hegel hatte weder das eine noch das andere im Sinn, als er die These vorbrachte, die Strafe sei Aufhebung des Verbrechens. Zur wahren Bedeutung seiner These dringt nur vor, wer sich an Hegels Forderung hält, das Verbrechen in erster Linie als eine Negation von Recht, als ein Unrecht zu betrachten und die Strafe als Negation dieser Negation und als Wiederherstellung von Recht und Gerechtigkeit.

Meines Erachtens läßt sich die Aufhebungsthese am besten folgendermaßen erhellen. Ein Verbrechen ist im Grunde die Negation eines Rechts. Der Begriff eines Rechts hängt logisch mit dem einer kritischen Haltung gegenüber dem Rechtsbruch zusammen. Wenn ein Mensch das Recht hat, von anderen in bestimmter Weise behandelt zu werden, folgt daraus, daß deren Unterlassen solchen Verhaltens ihm gegenüber durch Kritik, Verurteilung, Ablehnung erwidert wird. Entsprechend kann man die Frage, ob ein Mensch das betreffende Recht hat oder nicht hat, davon abhängig machen, ob dessen Verletzung faktisch kritisiert, verurteilt, abgelehnt wird oder nicht.

Allerdings gibt es verschiedene Arten von Rechten. Zwei Haupttypen lassen sich unterscheiden: sittliche und juristische Rechte. Hinter den sittlichen steht die öffentliche Meinung und jeder von uns persönlich; daher läßt sich die Frage nach dem Bestehen oder Nichtbestehen eines solchen Rechts durch die Feststellung beantworten, ob der Betroffene und andere, welche die Rechtsverletzung bemerkt haben, sittliche Verurteilung äußern und vielleicht auch, ob der Täter selbst seine Tat verurteilt, indem er Schuld oder Reue empfindet. Hinter den Gesetzen, die unsere juristischen Rechte festlegen, steht der Staat; wenn also das Bestehen eines solchen Rechts in Frage steht, ist dies demnach durch die Feststellung zu klären, ob der Staat entsprechend reagiert. Dabei ist kaum eine andere angemessene Reaktion denkbar als die Anwendung von Zwang und Gewalt. Wenn der Staat auf die Unterlassung eines bestimmten Verhaltens einem Menschen gegenüber nicht dadurch reagiert, daß er seine Rechtsmaschinerie in Bewegung setzt, so ist dies ein ziemlich sicheres Indiz dafür, daß der Betroffene keinen Rechtsanspruch auf jenes Verhalten hat. Es besteht ein logischer Zusammenhang zwischen Rechten und Zwang: Wo kein Zwang, da keine Rechte.

---

[12] Supra, 64—65.

Im Bereich des Strafrechts hat staatlicher Zwang die Form der Strafe. Wenn jemand ein strafrechtlich sanktioniertes Recht hat, ist die Verletzung dieses Rechts ein Verbrechen, und der Staat reagiert darauf mit Bestrafung. Wenn der Staat dies nicht tut, folgt daraus, daß die Verletzung jenes Rechts kein Verbrechen ist, folglich hat der Betroffene das Recht auch nicht, zumindest nicht im Sinne eines strafrechtlich sanktionierten. Wenn es also strafrechtlich sanktionierte Rechte gibt, wenn bestimmte Taten als Verbrechen bezeichnet werden können, wenn es überhaupt ein Strafrecht gibt — dann muß es auch Strafe geben. Dies gilt auch umgekehrt: ohne Strafe gibt es kein Verbrechen, kein Strafrecht, keine gesetzlich definierten und sanktionierten Rechte.

Dies trifft natürlich nicht auf den Fall zu, wo es etwa einem Dieb gelingt, sich Polizei und Gerichtsbarkeit zu entziehen; daraus folgt nicht, daß sein Diebstahl kein Verbrechen war und daß der Bestohlene etwa kein strafrechtlich sanktioniertes Recht auf das geraubte Gut hatte. Aber wenn der Staat gar nicht erst den Versuch zu Festnahme und Bestrafung des Diebs macht, wenn Diebstahl in der Regel nicht strafrechtlich verfolgt und geahndet wird, dann wäre daraus zu schließen, daß Diebstahl faktisch kein Verbrechen ist und Eigentumsrechte faktisch nicht bestehen, zumindest nicht im Sinn von strafrechtlich sanktionierten Rechten.

Auf diesem Hintergrund ist die Bedeutung von Hegels Lehre von der „Nichtigkeit" des Verbrechens, von seinem „notwendigen" Zusammenhang mit der Strafe und von der Strafe als seiner „Aufhebung" zu verstehen. Hegel behauptet nicht, das Verbrechen sei im umgangssprachlichen Sinn des Wortes „nichtig". Es ist insofern „nichtig", als es die Negation eines bestehenden, geltenden, anerkannten Rechts ist.[13] Daß es eine solche Negation ist — das ist kein zusätzliches Charakteristikum, das sich auf ein randhaftes Detail bezöge, sondern seine Wesensbestimmung, die in dem Begriff des Verbrechens bereits enthalten ist. Ob ein angegriffenes, verletztes Recht tatsächlich ein strafrechtlich fest umrissenes und garantiertes Recht ist — ob es wirklich besteht, ob es ein geltendes, anerkanntes Recht ist — läßt sich daran ablesen, wie der Staat auf seine Verletzung reagiert. Wenn dieses Recht ungestraft verletzt werden darf, geht daraus hervor, daß es nicht wirklich gesetzlich geschützt, gültig und anerkannt ist, sondern eigentlich eine Illusion. Das meint Hegel, wenn er sagt: „geschähe diese Aufhebung nicht, würde das Verbrechen gelten, nicht das Recht"; ein Verbrechen, das ungestraft bleibt, wird dadurch „als Recht gesetzt", ist folglich kein Verbrechen mehr.[14] Wenn dagegen auf ein Verbrechen die Strafe folgt, geht daraus hervor, daß hier ein

---

[13] Supra, 43.
[14] Vgl. supra, 47.

geltendes, anerkanntes, strafrechtlich garantiertes Recht vorliegt, dessen Verletzung ein Verbrechen darstellt. Folglich ist die Notwendigkeit, an die Hegel denkt, wenn er von einem „notwendigen" Zusammenhang zwischen Verbrechen und Strafe spricht, eine logische. Und die These von der Aufhebung des Verbrechens durch die Strafe ist weder eine (absurde und unrealisierbare) Forderung nach Aufhebung der Tat selbst noch eine (im Grunde utilitaristische) Forderung nach Aufhebung ihrer unerwünschten Folgen. Ein Verbrechen wird nicht als *eine physische Tat* aufgehoben; durch die Strafe wird es in seiner Eigenschaft als *Negation eines Rechts*, als *Rütteln an der Gültigkeit des negierten Rechts*, aufgehoben: die Strafe macht deutlich, daß die Tat doch ein Verbrechen ist, daß das negierte Recht doch Gültigkeit hat und daß eine Verletzung dieses Rechts nicht akzeptiert, anerkannt werden kann, daß sie keinen Eigenbestand hat.[15]

Doch wenn das mit Aufhebung des Verbrechens gemeint sein soll, stellt sich die Frage: Warum muß diese Aufhebung gerade die Form der Strafe haben? Warum muß der Verbrecher Zwang und Gewalt unterworfen werden, warum hat er Böses zu leiden? Wäre es für eine solche Aufhebung des Verbrechens und Wiederherstellung des Rechts nicht angemessener und auch ausreichend, daß der Richter eine förmliche öffentliche Erklärung gibt, daß die begangene Tat ein Verbrechen und das verletzte Recht ein anerkanntes, geltendes war, und die böse Tat mit Worten verurteilt? Etliche Kritiker von Hegels Straftheorie haben solche Fragen gestellt.[16]

Wie unschwer zu sehen, wäre dies nicht ausreichend. Was würde darauf folgen, wenn der Staat auf Verletzung gesetzlich definierter Rechte wirklich ausschließlich verbal reagieren würde? Der Staat, der das Gesetz erläßt, welches diesen Rechten Gültigkeit und Verbindlichkeit verleiht, würde auf Anwendung seiner Rechtsmaschinerie verzichten, die einen seiner wesentlichen Bestandteile ausmacht (nach einigen das eigentliche Charakteristikum des Staates[17]). Außerdem bestünde eine markante Verschiedenheit und ein Mißverhältnis zwischen der Verletzung eines Rechts, die das Opfer sehr schmerzlich trifft, und der rein verbalen Reaktion darauf, auf die der Staat sich beschränkt und die den Menschen, an den sie gerichtet ist, vielleicht überhaupt nicht trifft. In Anbetracht alles dessen würden wohl diejenigen, deren Rechte verletzt wurden, sowie diejenigen, die Recht verletzt haben

---

[15] Eine ähnliche Deutung von Hegels These von der Aufhebung des Verbrechens durch dessen Bestrafung, diesmal in der Terminologie von Austins Sprachphilosophie, bei D. E. Cooper: *Hegel's Theory of Punishment*. In: *Hegel's Political Philosophy*. Ed. by Z. A. Pelczynski. Cambridge 1971. 151—167. 160—166.

[16] J. *Popper-Lynkeus:* l. c.; F. *Hartz:* l. c.; F. *Berolzheimer: Die Entgeltung im Strafrechte.* München 1903. 147; S. I. *Benn:* l. c.

[17] Vgl. z. B. M. *Weber: Wirtschaft und Gesellschaft.* Tübingen 1972. 822.

— und alle übrigen irgendwie Beteiligten — mit Fug und Recht schließen, daß
die verletzten Rechte letzten Endes doch keine geltenden, anerkannten
Rechte waren, zumindest keine vom Gesetz irgendwie ernsthaft gesetzten
und geschützten. Denn eine Sache wird ja gerade nicht ernstgenommen,
wenn zwischen ihr und der darauf folgenden Reaktion fundamentale Un-
gleichheit und ein eklatantes Mißverhältnis besteht. Demnach kann ein
Verbrechen nicht (im Hegelschen Sinn) aufgehoben werden, die Gültigkeit
und Verbindlichkeit des jeweils verletzten Gesetzes wird nicht dargetan,
wenn der Akt, durch den die Aufhebung geschehen soll, von Natur dem
Verbrechen so unähnlich, so viel weniger gewichtig ist, wie dies bei einer
bloßen Erklärung, daß die begangene Tat ein Verbrechen war, und verbaler
Neubestätigung des Rechts und Verurteilung seiner Verletzung der Fall
wäre. Die notwendige Ernsthaftigkeit und Gewichtigkeit der Aufhebung ist
nur durch Strafe zu erzielen.

Aber vielleicht ließe sich das Gewünschte durch Schadenersatz erreichen?
In neuerer Zeit ist verschiedentlich die Meinung geäußert worden, die ganze
Institution der Strafe müßte abgeschafft und durch den Grundsatz der
Wiedergutmachtung ersetzt werden. So hat etwa RANDY E. BARNETT in einem
interessanten Beitrag, der eine Reihe von kritischen Stellungnahmen her-
vorgerufen hat, geltend gemacht, daß ein Verbrechen im wesentlichen darin
besteht, daß ein Individuum gegen die Rechte eines anderen verstößt, einen
anderen verletzt, ihm Schaden zufügt. Doch mache die Bestrafung des Ver-
brechens für das Opfer so gut wie keinen Unterschied; es habe von der
Verurteilung und Bestrafung des Menschen, der ihm Schaden zugefügt,
wenig bis nichts.[18] Entscheidend sei nicht, daß der Verbrecher seinerseits
Zufügung eines Übels verdient habe, sondern daß der geschädigten Seite
Ersatz für den erlittenen Verlust zustehe. Die Gerechigkeit erfordere keine
Strafe; sie „bestehe vielmehr darin, daß der Schuldige den angerichteten
Schaden wiedergutmacht."[19] Wäre das nicht eine sinnvolle Form von Aufhe-
bung des Verbrechens? Warum soll noch zusätzliches Übel angerichtet werden, wenn Behebung des Unrechts und Aufhebung des Verbrechens auch
durch Wiedergutmachung bewirkt werden kann?

Dies ist aber weder eine brauchbare Art der Aufhebung von Verbrechen
noch eine annehmbare Alternative zur herkömmlichen Institution der
Strafe. Denn hier wird ein wesentliches Merkmal des Verbrechens überse-
hen: seine Beziehung zum Gesetz, zum Gemeinwillen, zur Gesellschaft, zum
Staat. Das Verbrechen wird ausschließlich in seiner Beziehung zum unmittelbar betroffenen Individuum betrachtet. Diese Betrachtungsweise ist si-

---

[18] R. E. Barnett: Restitution: A New Paradigm of Criminal Justice. In: Ethics. 87 (1976/7),
279—301. 285.
[19] Ib. 287.

cherlich nicht falsch, doch enhält sie nur die halbe Wahrheit. Denn zusätzlich zu dem geschädigten Individuum, zu seinen beeinträchtigten Interessen, seinem verletzten Recht, gibt es auch noch das Gesetz, das Recht setzt, das Individuum und seine Interessen schützt; da gibt es auch noch den Gemeinwillen, der sich im Gesetz äußert; da ist auch noch die Gesellschaft, der Staat. Auch zu diesen muß das Verbrechen in Beziehung gesetzt werden. Durch Schädigung eines Individuums, Verletzung von dessen Recht, verstößt der Verbrecher gleichzeitig gegen das Gesetz, welches das Recht festsetzt und das Individuum schützt; er verstößt gegen den Gemeinwillen, gegen die Gesellschaft, den Staat.[20] Selbst wenn sich das Verbrechen, soweit es das Opfer angeht, durch Schadenersatz aufheben ließe, wäre es doch damit in Bezug auf sein Verhältnis zum Gesetz, zur Gesellschaft, zum Staat keineswegs in Frage gestellt, geschweige denn aufgehoben.

Doch selbst in diesem eingeschränkten Kontext, ausschließlich als Verletzung des unmittelbaren individuellen Opfers betrachtet, wäre Wiedergutmachung keine wirkliche Aufhebung des Verbrechens. Denn Wiedergutmachung befaßt sich nur mit der äußeren Seite der Tat, mit ihren Folgen. Daher kann nur das dadurch aufgehoben werden, was Hegel „unbefangenes Unrecht" nennt, eine Art von Unrecht, bei der vonseiten des Täters kein böser Wille vorliegt. Doch aus eben diesem Grund kann Wiedergutmachung nicht Aufhebung eines Verbrechens bewirken; denn dabei wird der böse Wille, das wesentliche Merkmal des Verbrechens, völlig außer Acht gelassen.[21] Entsprechend unbeachtet bleibt auch die besondere Art, in der ein Verbrechen im Unterschied zu einem zivilen Unrecht mit dem Opfer umgeht: es ist ja nicht nur ein Schaden, der diesem zugefügt wird, sondern ein bewußter Angriff auf dessen Rechte und dadurch auch auf das Opfer als Inhaber von Rechten, als Person. „Im Verbrechen," sagt Hegel, „werde ich nicht als Person behandelt. [...] Durch den Diebstahl wird mir nicht nur geschadet, sondern das Gelten meiner, meines Eigenthums wird angegriffen."[22]

Roger Pilon, einer von Barnetts Kritikern, bringt dieses Argument folgendermaßen vor: „Was macht es einem reichen Verbrecher schon aus, wenn er sein Opfer entschädigen muß? Oder was kümmert sich ein reiches Opfer um die Zahlung von Schadenersatz? Wenn ein reicher Mann eine reiche Frau vergewaltigt, sollte dann wirklich durch Geldwert der *status quo* wiederhergestellt, der Gerechtigkeit Genüge getan sein? Wenn ein reicher Mann mit Kindern Unzucht treibt, wird er in der Entschädigungssumme ganz schlicht den Preis für sein Vergnügen sehen! Und was ist mit dem Terroristen, der

---

[20] Vgl. supra, 33—35.
[21] Vgl. supra, 33.
[22] VRP Bd 3, 299—300.

Menschen ermordet, wohlwissend, daß seine vermögenden Hintermänner die Rechnung begleichen werden? Die schlichte Reduzierung von kriminellen Straftaten auf zivile, oder doch wenigstens die Behandlung von kriminellen Straftaten mit zivilen Gegenmitteln spricht von einer allzu primitiven Auffassung dessen, worum es im Fall von Verbrechen eigentlich geht. [...] Das zivile Gegenmittel als solches ist im Fall einer kriminellen Straftat völlig fehl am Platz. Denn was in einem bloßen Vergehen [tort] fehlt, in einem Verbrechen aber vorhanden ist, das ist das Moment der Schuld. Der Verbrecher hat nicht nur einem Menschen wehgetan. *Er hat dessen Würde verletzt.* Er hat diesen Menschen *vorsätzlich*, gegen dessen eigenen Willen, für seine Zwecke mißbraucht. Es kann nicht einfach Schadenersatz zahlen, als hätte er zufällig oder unvorsätzlich gehandelt. Wir würde dadurch das Unrecht behoben? Sogar wenn man BARNETTS Kriterium für die Bestimmung der nun entstehenden Verpflichtung heranzieht, wie sollte Schadenersatz das Opfer wieder ganz machen? Schadenersatz umfaßt nämlich nicht den gesamten beteiligten Komplex, nicht das Moment der *mens rea.* Gewisse Arten von Unrecht lassen sich einfach nicht in Geldwert berechnen. Die kriminelle Tat und das bloße Vergehen sind zwei völlig verschiedene Größen; es handelt sich um zwei verschiedene Verhaltensweisen, die verschiedene Arten von Gegenmaßnahmen erfordern. So erfordert die kriminelle Straftat in der Tat nicht nur Entschädigung des Opfers, sondern auch Bestrafung des Verbrechers."[23]

Somit würden weder rein verbale Verurteilung noch Wiedergutmachung das Verbrechen wirklich aufheben und das verletzte Recht sowie das übertretene Gesetz wiederherstellen, und zwar aus ähnlichen Gründen. Beide sind in ihrer Art zu verschieden vom Verbrechen. Und keine von beiden würde den Verbrecher in einer Art und in einem Maße treffen, wie seine Tat das Opfer getroffen hat. Die verbale Verurteilung würde den Verbrecher überhaupt nur dann ernsthaft treffen, wenn er auf diesem Gebiet ungewöhnlich sensibel wäre; und der Schadenersatz nur dann, wenn er etwa das Bußgeld nicht aufbringen könnte. Wenn das Verbrechen in ernstzunehmender Weise aufgehoben werden soll, dann muß es eine Strafe dafür geben.

Mit dieser Deutung von Hegels These von der Aufhebung des Verbrechens durch die Strafe im Unterschied zu den vorgeschlagenen utilitaristischen Deutungen glaube ich erfaßt zu haben, was Hegel selbst sagen wollte. Hier wird der retributive Charakter der These deutlich, außerdem wird eine klare Trennlinie zu den utilitaristischen Auffassungen von BOSANQUET und EWING gezogen. Diese scheinen Hegel auf den ersten Blick nahezukommen,

---

[23] R. Pilon: *Criminal Remedies: Restitution, Punishment, or Both?* In: Ethics. 88 (1977/8), 348—357, 351—352.

doch sind sie im Grunde ganz anders. Wenn man davon ausgeht, daß die Strafe das Verbrechen aufhebt, indem sie seine unerwünschten Folgen beseitigt und verhütet, daß es zum Präsidenzfall wird, und wenn man in diesen Wirkungen der Strafe ihre Rechtfertigung erblickt (ob man diese nun als erzieherische beschreibt, wie die obengenannten Philosophen, oder als abschreckende), dann kann die Strafe nur in all den Fällen notwendig und gerechtfertigt erscheinen, in denen mit solchen Wirkungen zu rechnen ist. Vorstellbar sind aber auch Fälle, in denen solche Folgen nicht zu erwarten oder unnötig sind. So kann man sich zum Beispiel vorstellen, daß sowohl der Verbrecher selbst als auch seine potentiellen Nachahmer so tief in der Kriminalität versunken sind, daß keine Strafe sie bessern oder abschrecken kann, so daß sie in Zukunft das Gesetz respektieren. Umgekehrt kann man sich auch einen Fall vorstellen, in dem der Verbrecher seine Tat bereut und sich in solchem Maße gewandelt hat, daß er gewißlich nie wieder gegen das Gesetz verstoßen wird, und dasselbe gilt auch von allen übrigen Bürgern. Schließlich kann man sich noch mit KANT eine Reihe von ihrer Bestrafung harrenden Verurteilten innerhalb einer in Auflösung begriffenen Gesellschaft denken.[24] In all diesen Fällen müßten diejenigen, die in der Strafe die Aufhebung des Verbrechens sehen, diese aber utilitaristisch auffassen, sagen, daß Bestrafung nicht notwendig und gerechtfertigt sei, obwohl Verbrechen begangen worden sind. Aus der Sicht derselben These echt hegelsch interpretiert wäre dagegen in all diesen Fällen die Strafe immer noch gerechtfertigt und erforderlich. Denn von diesem Standpunkt aus ist die Rechtfertigung der Strafe unabhängig von deren normalerweise positiven Folgen. Aus völlig anderen Gründen ist die Strafe gerechtfertigt und sollte auferlegt werden: weil ein Akt von Rechtsverletzung und Gesetzesbruch stattgefunden hat, also ein Verbrechen — weil einzig und allein durch Strafe deutlich gemacht werden kann, daß ein geltendes, anerkanntes Recht verletzt worden ist und daß die Tat ein Verbrechen war.

Diese Deutung der Aufhebungsthese wird meines Erachtens nicht nur Hegels Intention gerecht und macht seine Formulierungen verständlich, sondern erweist sie auch als überzeugend. Recht verstanden erläutert die Aufhebungsthese den logischen Zusammenhang zwischen strafrechtlich garantierten Rechten und Strafe und zeigt somit, daß die Rechtfertigung der Strafe teilweise dieselbe ist, auf der eben diese Rechte gründen. Wenn eine Rechtfertigung für Setzung und Anerkennung der normalerweise vom Strafrecht garantierten Rechte vorliegt, dann gilt dieselbe Rechtfertigung auch für die Ahndung von Verletzungen dieser Rechte, d.h. von Verbrechen. Denn ohne die Bestrafung von Rechtsverletzungen haben die Rechte selbst keinen Bestand.

---

[24] Vgl. *I. Kant: Metaphysik der Sitten.* Hrsg. v. K. Vorländer. Leipzig 1907. 161.

VI. DIE STRAFE ALS EIN RECHT DES VERBRECHERS

Eine andere in der Literatur über die Rechtfertigung der Strafe häufig erörterte Hegelsche These ist die von der Strafe als einem Recht, das dem Verbrecher zusteht. Bereits KANT in der *Metaphysik der Sitten* hat den Gedanken eines solchen Rechts des Verbrechers aufgebracht,[1] doch erst Hegel hat diesen Gedanken ausdrücklich zu einer der Grundstützen seiner Straftheorie gemacht und argumentativ untermauert.

Wie die zuletzt betrachtete These von der Aufhebung des Verbrechens durch die Strafe ist auch diese viel kritisiert worden. „Eine seltsame Art von Recht, dessen Inhaber sich standhaft weigern, es anzuerkennen," bemerkt ANTHONY M. QUINTON.[2] „Zunächst reagiert man darauf natürlich mit der Feststellung, daß ein Recht, dem man nicht entrinnen kann, doch ein seltsames Recht ist," schreibt TED HONDERICH. „Versuche in psychoanalytischer Deutung einer Beweisführung sind ein müßiges Unterfangen, doch hier drängt sich die Vermutung auf, daß die Behauptung eines Rechts auf Bestrafung für andere vor allem als Projektion eigener Schuldgefühle interessant ist."[3]

Eine mögliche Erwiderung auf diese Kritik könnte darin bestehen, daß man die These von der Strafe als einem Recht des Verbrechers dahingehend deutet, daß nicht der Verbrecher, sondern ein anderer (die Gesellschaft, der Staat) der *Inhaber* dieses Rechts ist, und dem Verbrecher gehört es nur in dem Sinne, daß es auf *seiner* Tat und auf *seinem* Willen beruht. Einige Äußerungen Hegels können für eine solche Interpretation herangezogen werden; insbesondere seine Feststellung, wonach die bloße Tat des Verbrechers impliziere, „daß sie etwas Allgemeines, daß durch sie ein Gesetz aufgestellt ist, das er in ihr für sich anerkannt hat, unter welches er also, als unter *sein* Recht subsumiert werden darf."[4] Doch meines Erachtens ist jeder Versuch, die These von der Strafe als einem Recht des Verbrechers auf dieser Ebene zu verteidigen, von vornherein zum Scheitern verurteilt. Zum einen ist eine solche Deutung zweifellos künstlich; sie klingt nicht natürlich, eher wie eine Reinterpretation, die dadurch nötig geworden ist, daß sich die These in ihrer ursprünglichen Bedeutung eigentlich nicht verteidigen läßt. Zum andern wäre eine solche Deutung auf Hegelsche Formulierungen gegründet, die

---

[1] Vgl. *I. Kant: Metaphysik der Sitten.* Hrsg. v. K. Vorländer. Leipzig 1907. 158—159.

[2] *A. M. Quinton: On Punishment.* In: *The Philosophy of Punishment.* Ed. by H. B. Acton. London 1969. 55—64. 57.

[3] *T. Honderich: Punishment.* Rev. ed. Harmondsworth 1976. 47.

[4] Rph. § 100. Vgl. VRP Bd 3, 314—317; Bd 4, 289, 291.

nicht eindeutig in diese Richtung weisen, wohingegen sie zahlreichen anderen Äußerungen, in denen Hegel ausdrücklich und unmißverständlich von
der Strafe als einem subjektiven Recht des Verbrechers spricht, geradezu
widerspräche.[5] Schließlich würde eine solche Deutung zu einer These führen, die zwar gegen die erwähnte Kritik gefeit, doch daraufhin völlig überflüssig geworden ist: denn nach dieser Deutung reduziert sich die These vom
Recht des Verbrechers auf Strafe eigentlich auf die etwas anders gefaßte
Aussage, daß die Strafe subjektiv gerechtfertigt sei — daß das Recht des
Staates zu strafen sich auf die Tat und den Willen des Verbrechers selbst
gründet. Und das ist eine Aussage, die Hegel nicht in dieser indirekten und
unpräzisen Form zu machen braucht, da er sie bereits an anderer Stelle
ausdrücklich und klar vorgetragen hat.[6]

Aus ähnlichen Gründen vermag auch PETER G. STILLMANS Versuch, die
These vom Recht des Verbrechers auf Strafe zu verteidigen, nicht zu überzeugen. STILLMAN nämlich sieht die These auf etwas ganz anderes gerichtet:
auf die *Pflicht* des Verbrechers, bestraft zu werden. In seinen Augen beweist
die Kritik, wonach das Recht des Verbrechers auf Strafe insofern seltsam sei,
als der Verbrecher selbst, der angebliche Inhaber dieses Rechts, strikt dagegen sei, daß dieses Recht auf ihn angewandt werde, daß hier ein falsches
Verständnis von Hegels Rechtsbegriff vorliege. „Denn die Rechte des ‚abstrakten Rechts‘ müssen angewandt werden; jedermann hat die Pflicht, seine
Rechte auszuüben. [...] Was ein Recht ist, das ist eine Pflicht. [...] Demnach
ist das Strafrecht eine Strafpflicht. Um eine Person und um frei zu sein, muß
der Mensch bestraft werden, wenn er Böses getan hat; um die Rechte der
Person zu wahren, müssen sämtliche Rechte — einschließlich des Rechts auf
Bestrafung — als Pflichten angewandt werden.“[7] Diese Deutung wirkt gewiß
gekünstelt; außerdem ist ihre Textbasis zweifelhaft.[8] Noch schwerer wiegt
der Einwand, daß sie Hegel einen schlechterdings unhaltbaren Rechtsbegriff
unterschiebt: demnach wäre keines der Rechte, von denen Hegel im Abschnitt über „Abstraktes Recht“ in seiner *Rechtsphilosophie* spricht (das Recht
auf Leben, auf Eigentum, auf das Abschließen von Verträgen) ein Recht im
üblichen Wortverstand, sondern genau das Gegenteil davon, nämlich eine
Pflicht. So verstanden kennt Hegels Rechtsphilosophie im engeren Sinn, d.h.
seine Philosophie des „abstrakten Rechts“, überhaupt keine Rechte in übli-

---

[5] Vgl. Rph. § 132 Anm; VRP Bd 1, 276—277; Bd 3, 670.

[6] Supra, 47—54.

[7] P. G. *Stillman: Hegel's Idea of Punishment.* In: Journal of the History of Philosphy. 14.
(1976), 169—182. 174 Anm 11.

[8] Von sämtlichen Belegen aus Hegels Schriften, die Stillman anführt, scheint mir nur
ein einziger (Enz. § 486 und Anm) zur Unterstützung seiner Deutung hinlänglich
geeignet.

cher Bedeutung des Wortes, sondern nur Pflichten. Doch schreibt Hegel ausdrücklich „im abstrakten Rechte habe Ich das Recht, und ein anderer die Pflicht gegen dasselbe,"[9] woraus eindeutig hervorgeht, daß Hegel das Wort „Recht" hier in dem Sinn verwendet, den es normalerweise hat. Und schließlich verleiht auch STILLMANS Deutungs der These vom Recht des Verbrechers auf Strafe einen Sinn, der sie überflüssig macht: so verstanden besagt sie nämlich nichts anderes, als daß der Verbrecher die Pflicht hat, sich der Strafe zu unterwerfen, woraus folgt, daß der Staat das Recht hat, ihn zu bestrafen, d.h. daß die Strafe gerechtfertigt ist. Doch diese Feststellung hat Hegel auch direkt und ausdrücklich getroffen.

Wenn man die These von der Strafe als einem Recht des Verbrechers wirklich überzeugend verteidigen will, muß man von ihrer natürlichsten Deutungsmöglichkeit ausgehen, nämlich als These von einem Recht, das der Verbrecher selbst innehat, nicht ein anderer, und auch nicht als These von etwas, was im gewöhnlichen Wortverstand überhaupt kein „Recht" ist. Die Kritik von QUINTON und HONDERICH muß frontal angegangen werden — man muß zeigen, daß im Gegensatz zu ihrem Einwand das, was für alles, was sich sinnvollerweise als Recht ansprechen läßt, angenommen werden muß, auch auf die Strafe zutrifft: daß sie, wenn auch nicht in jedem einzelnen Fall, so doch zumindest im Prinzip auf Wunsch, Verlangen, Entscheidung, Interesse derjenigen bezogen werden kann, denen sie als Recht zugeschrieben wird.

In seiner Arbeit über Hegels Straftheorie hat JOHN McTAGGART eine Deutung der These vom Recht des Verbrechers auf Strafe vorgebracht, die diesen Anforderungen auf den ersten Blick Genüge tut. Er geht davon aus, daß Hegel auf die Würde des Verbrechers als eines sittlichen Wesens großen Wert legt. Dies bedeutet laut McTAGGART, daß ein Verbrecher als ein Mensch behandelt werden muß, „der potentiell sittlich ist, wie unsittlich er sich auch verhalten mag, als ein Mensch, in dem diese potentielle Sittlichkeit aktualisiert werden muß." Die Aussage, daß die Strafe ein Recht des Verbrechers ist, impliziert laut McTAGGART, „daß die Strafe in gewissem Sinne zu seinem Besten dient." Nach seiner Meinung ist dies mit dem retributiven Standpunkt unvereinbar und zeigt, daß Hegels Strafdenken eigentlich kein retributives ist; denn die Vergeltungstheorie verlangt Strafe nicht zugunsten des Verbrechers selbst, sondern aus dem einfachen Grund, weil er ein Verbrechen begangen und Strafe verdient hat. Daher kann diese Theorie den Verbrecher nicht als ein sittliches und vernünftiges Wesen anerkennen.[10]

---

[9] Rph. § 155.
[10] J. McTaggart: *Punishment*. In: ders.: *Studies in Hegelian Cosmology*. Cambridge 1901. 132—133.

Laut McTaggart läßt sich der Kern von Hegels Straftheorie etwa folgendermaßen darstellen: „Durch die Sünde verwirft der Mensch das Moralgesetz und lehnt sich dagegen auf. Strafe ist Schmerz, der ihm zugefügt wird, weil er das getan hat, und damit er durch die Tatsache seiner Bestrafung gezwungen wird, das Gesetz, das er durch Sündigen verworfen hat, als gültig anzuerkennen und so seine Sünde zu bereuen — und zwar wirklich zu bereuen und sie nicht nur aus Angst nicht wiederzutun. Somit besteht das Ziel der Bestrafung darin, daß der Verbrecher sein Verbrechen bereut und dadurch den sittlichen Charakter verwirklicht, der durch seine böse Tat vorübergehend verdunkelt war, der aber, wie Hegel versichert, in Wahrheit sein eigentlichstes und tiefstes Wesen ist."[11]

Dies klingt nach Besserungstheorie, doch McTaggart behauptet, es bestehe ein grundlegender Unterschied zwischen dieser Theorie und dem Hegelschen Standpunkt, wie er ihn sieht. „Die Besserungstheorie besagt, man müsse die Verbrecher bestrafen und *gleichzeitig* bessern. Hegel sagt, die Strafe als solche bewirke ihre Besserung. Die Besserungstheorie möchte Verbrechern so wenig Schmerz wie möglich zufügen und sie so viel wie möglich bessern. Hegel lehrt, daß gerade der Schmerz sie bessert, daher betrachtet er zwar den Schmerz selbst als ein Übel, hat aber keine Hemmungen, ihn als Mittel einzusetzen."[12]

Laut McTaggart geht es also bei Hegels These vom Recht des Verbrechers auf Strafe im Grunde darum, daß der Verbrecher ein Recht darauf hat, sich durch Erleiden einer Strafe zum Bereuen seines Verbrechens bewegen zu lassen, wodurch wiederum seine moralische Rehabilitation gefördert wird, d.h. der Sieg des Höheren und Besseren in ihm über die niedrigeren Elemente seines Wesens, über seine subjektiven, egoistischen, asozialen, unsittlichen und unvernünftigen Triebe, Wünsche und Entscheidungen.[13] Noch einige Kommentatoren von Hegels Straftheorie — W. B. Wines, B. Blanshard, G. R. G. Mure — haben sich für eine ähnliche Deutung dieser These ausgesprochen.[14] Sie haben darauf allerdings nicht die beiden Schlüsse gezogen, die zu ziehen McTaggart selbst nicht ansteht. Der erste davon lautet, daß es bei der Strafe nicht darauf ankomme, ob sie verdient sei: „Eigentlich gibt es keinen Grund nachzufragen, ob der Verbrecher eine Strafe verdient oder nicht.

---

[11] Ib. 133.

[12] Ib. 133—134

[13] Vgl. ib. 134—144.

[14] Vgl. W. B. Wines: *On Hegel's Idea of the Nature and Sanction of Law.* In: The Journal of Speculative Philosophy. 18 (1884), 9—20. 13—14, 19—20; B. Blanshard: *Retribution Revisited.* In: *Philosophical Perspectives on Punishment.* Ed. by E. H. Madden et. al. Springfield 1968. 59—81. 72—74; G. R. G. Mure: *The Philosophy of Hegel.* London 1965. 166—167.

Denn solch eine Frage, strenggenommen, wirft uns auf die alte Lehre von der rächenden Funktion der Strafe zurück. [...] Nach jeder anderen Lehre muß ein Mensch bestraft werden, nicht um vergangenes Übel wiedergutzumachen, sondern um künftiges Gutes zu sichern. Natürlich darf nur eine böse Tat mit Strafe belegt werden, denn alle Strafe soll ja eine Wiederholung der bestraften Tat verhüten, und dies wäre nicht wünschenswert, wenn die Tat keine böse wäre. Doch die Frage, wie weit dem Verbrecher seine Tat zur Last zu legen ist, scheint irrelevant. Wenn er Böses getan hat und wenn die Strafe ihn heilen wird, dann hat er, wie Hegel es ausdrückt, ein Recht darauf, bestraft zu werden. Wenn ein Zahnarzt einen schmerzenden Zahn ziehen soll, dann weigert er sich nicht mit dem Hinweis darauf, daß der Patient den Zahnschmerz ja nicht absichtlich herbeigeführt hat und es daher ungerecht wäre, ihn die Schmerzen des Zahnziehens erleiden zu lassen. Und einem Menschen die Möglichkeit eines sittlichen Fortschritts zu versagen, wenn die Bestrafung eine solche offenkundig bietet, scheint gleichermaßen unsinnig."[15]

McTaggarts zweiter Schluß geht dahin, daß Hegels „Hauptfehler" darin bestehe, daß er meine, seine Straftheorie auf den juristischen Bereich anwenden zu können. Laut McTaggart läßt sich Hegels Strafbegriff nicht auf das Strafrecht anwenden: zum einen weil der Staat den Interessen der Unschuldigen mehr Bedeutung beilegen muß als denen der Schuldigen, denn erstere sind weit in der Überzahl, daher müsse er beim Strafen in erster Linie darauf ausgehen, potentielle Verbrecher abzuschrecken; zum anderen weil mit gutem Grund zu bezweifeln sei, daß Verbrecher unter den gegenwärtigen Umständen durch Bestrafung tatsächlich zu Reue und somit zu sittlicher Wiederaufrichtung geführt werden könnten. Daher sei Hegels Straflehre faktisch nicht im Strafrecht, sondern in einem anderen Bereich relevant und von Bedeutung: im Bereich der Erziehung.[16]

Diese Deutung von McTaggart ist jedoch grundlos und falsch. McTaggarts Unterscheidung zwischen Hegels angeblicher Auffassung und der Besserungslehre ist willkürlich und unhaltbar: wenn er in Bezug auf den eigentlichen Sinn von Hegels Aussagen über die Strafe und ihre Rechtfertigung Recht hätte, dann wäre Hegels Lehre nur noch eine Variante der Besserungstheorie; denn jede Lehre, die das Wesen und die Rechtfertigung der Strafe in deren bessernder Wirkung sieht, muß als solche angesprochen werden. Von dieser Ausgangsposition aus besteht kein *philosophisch* relevanter Unterschied zwischer der Behauptung, daß die Strafe als solche, d.h. direkt, bessernd wirke (so Hegel laut McTaggart) und der, daß die Strafe die Möglichkeit zur Anwendung von Mitteln schafft, durch die solche Wirkung

---

[15] J. McTaggart: o. c. 140.
[16] Vgl. ib. 145—150.

zustande kommt, d.h. daß die Strafe solche Wirkung indirekt hervorbringt (so McTaggarts Definition der Besserungstheorie). Hegel jedoch geht das Problem der Strafe überhaupt nicht von dieser Seite an; ganz im Gegenteil, er kritisiert diesen Standpunkt heftig und lehnt ihn strikt ab. Seine grundlegende Kritik an der Besserungstheorie der Strafe lautet, daß diese Lehre den Verbrecher nicht als reifes, verantwortliches, freies, vernünftiges, sittliches Wesen anerkenne; und eines seiner Hauptargumente für die Vergeltungstheorie lautet, daß nur diese Theorie den Verbrecher als ein solches Wesen anerkennen könne.[17] Wie grundverkehrt McTaggarts Deutung von Hegels Lehre ist, läßt sich nicht nur an all den Stellen zeigen, wo der deutsche Philosoph seinen Standpunkt ausdrücklich und unmißverständlich als einen retributiven kennzeichnet, sondern auch an der Tatsache, daß er so fest und unerschütterlich von der Gerechtigkeit und Legitimität der Vergeltung überzeugt ist, daß er ein Moment der Vergeltung sogar im Zwang (wohl einschließlich Strafe) als erzieherischem Mittel findet und solchen Zwang eben daraufhin als gerechtfertigt und legitim betrachtet.[18]

Daher wäre eine Untersuchung am Platz, ob sich die These vom Recht des Verbrechers auf Strafe gegen den Einwand, von einem solchen Recht könne keine Rede sein, weil der Verbrecher sich als erster gegen die Anerkennung eines solchen Rechts wehren würde, verteidigen läßt, und zwar erstens ohne die These dergestalt umzudeuten, daß sie sich nicht mehr auf das Recht des Verbrechers, sondern auf das eines anderen bezieht, und ohne daraus eine These zu machen, in der es gar nicht um ein Recht im gewöhnlichen Sinn des Wortes, sondern um etwas recht anderes geht; zweitens, ohne den zweifelsohne retributiven Charakter von Hegels Straftheorie, von der diese These einen integralen Bestandteil ausmacht, in Frage zu stellen.

Ein solcher Versuch läßt sich auf verschiedene Arten unternehmen.

Zunächst durch Bezugnahme auf den allgemeinen Willen. In einem früheren Abschnitt haben wir beobachtet, wie die Strafe nach Hegels Theorie einerseits dadurch gerechtfertigt ist, daß es sich um Vergeltung handelt, daß der Verbrecher so behandelt wird, wie er es verdient, und Gerechtigkeit geschieht, und andererseits dadurch, daß sie auf den Willen des Verbrechers selbst gegründet wird. Gesetze aber sind nur die Objektivierung des allgemeinen Willens. Und der allgemeine Wille ist im Verhältnis zum Individuum nicht ein äußerliches, transzendentes Allgemeines, sondern er ist gleichzeitig sein eigener „wahrer" Wille, der das Höhere und Bessere in ihm zum Ausdruck bringt, wodurch der Einzelmensch an Sittlichkeit und Recht Anteil hat und somit das erlangt, was Hegel die „wahre" oder „absolute" Freiheit nennt.

---

[17] Vgl. supra, 52, 65—66.
[18] Vgl. supra, 36 Anm. 29.

Wenn also eine gesetzlich vorgeschriebene Strafe auf ein Verbrechen folgt, kann man sagen, daß sie nicht nur vom allgemeinen Willen als vom Willen aller und dessen Objektivierung im Gesetz herrührt, sondern auch vom allgemeinen Willen als dem „wahren" Willen des Verbrechers selbst —daß sie den Willen des Verbrechers selbst zum Ausdruck bringt.[19] Sowohl KANT[20] als auch BOSANQUET[21] würden auf die oben erwähnte Kritik in dieser Art erwidern.

Ihren schwachen Punkt hat diese Verteidigung der These vom Recht des Verbrechers auf Strafe darin, daß sie nur Anhänger der Theorie vom Gemeinwillen überzeugen kann. Wer die Annahme eines Gemeinwillens nicht teilt, für den wäre dies keine irgendwie befriedigende Antwort.

Doch läßt sich der Einwand, daß Verbrecher ein Recht auf Strafe in der Regel nicht akzeptieren, auch ohne Bezugnahme auf den umstrittenen Begriff des Gemeinwillens widerlegen, nämlich unter Berufung auf den empirischen, subjektiven Willen des Verbrechers. Oben im Abschnitt über die subjektive Rechtfertigung der Strafe haben wir gesehen, wie Hegel zu zeigen versucht, daß die Zustimmung des empirischen, subjektiven Willens des Verbrechers zum Bestraftwerden bereits in seinem Verbrechen gegeben ist. Insofern ein Verbrechen die Tat eines freien, verantwortlichen und vernünftigen Wesens ist, bedeutet es stets die Bejahung eines allgemeinen Grundsatzes; und die Strafe als die Vergeltung für das begangene Verbrechen ist nichts anderes als die Anwendung eben dieses Grundsatzes auf den Täter des Verbrechens selbst.[22]

Und schließlich hat Hegel auch eine Antwort für diejenigen, die sich dieser Sicht der Tat des Verbrechers nicht anschließen wollen. Es ist richtig — wie STANLEY I. BENN herausstellt — daß „die Bemühungen des Verbrechers, der Polizei zu entwischen, ein Beweis dafür sind, daß er seine eigene Bestrafung nicht in irgendeinem üblichen Sinne will."[23] Doch ist es ebenfalls richtig, daß es Verbrecher gibt, die sich selbst der Polizei ausliefern, die nicht Unzurechnungsfähigkeit vortäuschen, um dem Gerichtsverfahren zu entgehen, die sich weigern, ein Gnadengesuch zu schreiben, weil sie die Aufhebung oder auch nur Minderung dessen, was in ihren Augen eine verdiente und gerechte Strafe für ihr Verbrechen ist, gar nicht wünschen — Verbrecher, die glauben, daß sie wirklich ein Recht auf solche Strafe haben und Anerkennung dieses Rechts fordern. Auf Einwände wie die von BENN erwidert Hegel: „Hiegegen

---

[19] Vgl. supra, 47—48.

[20] Vgl. I. Kant: o. c. 163—164.

[21] Vgl. B. Bosanquet: The Philosophical Theory of the State. London 1965. 210—211.

[22] Vgl. supra, 49—52.

[23] S. I. Benn: An Approach to the Problems of Punishment. In: Philosophy. 33 (1958), 321—341. 329.

setzen wir ebenso gut das Gegentheil, denn viele gaben sich selbst an, waren nicht ruhig, bis ihr Recht ihnen angethan war."[24] Freilich wäre es nicht zulässig, behaupten zu wollen, daß die Fälle, in denen der Verbrecher selbst verlangt, daß ihm Gerechtigkeit getan werde, häufiger seien als die, in denen er sich der richterlichen Gewalt zu entziehen sucht — sicherlich ist das Gegenteil der Fall. Doch berechtigt dies uns nicht, Fälle der erstgenannten Art völlig außer Acht zu lassen.

Meines Erachtens läßt sich jedoch die These vom Recht des Verbrechers auf Strafe am besten verteidigen, wenn man sie nicht abstrakt, für sich, losgelöst vom Kontext der Vergeltungstheorie insgesamt betrachtet, sondern in Verbindung mit den übrigen Grundprinzipien dieser Theorie. Dann erscheint sie nicht mehr als bloße Behauptung, daß wer gegen das Gesetz verstößt, ein Recht hat bestraft zu werden — eine solche Aussage wäre recht vage (was für einen Art von Strafe? wieviel Strafe?) — vielmehr als eine klar umrissene Forderung nach Anerkennung von des Verbrechers Recht auf Bestrafung, *weil er ein Verbrechen begangen hat* und aus keinem anderen Grund, *nach Maßgabe seines Verbrechens* und nach keinem anderen Kriterium für die Festsetzung des Strafmaßes. Mit anderen Worten: Die These erscheint dann als Forderung nach Anerkennung des Rechts des Verbrechers auf *retributive* Bestrafung, nicht auf *irgendeine Art* von Strafe.

Die Bedeutung dieser Forderung wird klar, wenn man sich die Frage stellt: Was für andere Möglichkeiten gibt es? Was für Arten von Reaktion der Rechtsordnung auf das Begehen von Verbrechen sind denkbar?

Auf Anhieb könnte man denken, daß eine der Möglichkeiten darin bestehen könnte, daß auf das Begehen eines Verbrechens überhaupt keine Reaktion erfolgt oder doch zumindest keine Reaktion von der Art der Strafe, sondern nur eine Erklärung, daß ein Verbrechen begangen worden ist, und eine verbale Verurteilung der Tat, oder alternativ eine Wiedergutmachung des Opfers. Aber dies sind, wie ich im vorigen Kapitel deutlich gemacht zu haben hoffe, keine realistischen Möglichkeiten. Eine Gesellschaft, die sich auf eine dieser Reaktionen auf kriminelles Verhalten beschränken wollte, würde weder die begangenen Verbrechen noch die dadurch verletzten Rechte und Gesetze ernstnehmen.[25]

Verbrecher können nach dem Grundprinzip des Utilitarismus bestraft werden, wobei ihr Strafmaß entsprechend nach diesem oder jenem utilitaristischen Kriterium festgesetzt wird. Doch werden sie in diesem Fall, wie Hegel in seiner Kritik an der utilitaristischen Straftheorie dargetan hat, als unmündige, unverantwortliche und unfreie Wesen behandelt, die als bloße

---

[24] VRP Bd 1, 276.
[25] Vgl. supra, 75—80.

Mittel zur Erreichung von Zwecken, die nicht die ihren sind, ja die für sie völlig fremd und unannehmbar sein können, gebraucht werden dürfen.[26] Es ist charakteristisch für eine solche Haltung gegenüber dem Verbrecher, daß Kriterien wie Gerechtigkeit und Verdientheit der Strafe ignoriert werden und daß, was ihm widerfährt, nur in sehr geringem Maße, wenn überhaupt, von des Verbrechers eigenen Entscheidungen und Handlungen abhängt. Eine kritische Analyse der utilitaristischen Straftheorie lehrt, daß bei gewissen empirischen Voraussetzungen diese Theorie die verschiedensten Arten von ungerechter und moralisch unannehmbarer Bestrafung rechtfertigen würde: präventive und kollektive, Bestrafung von Unzurechnungsfähigen, ja sogar von Unschuldigen.[27]

Ferner können Verbrecher, statt bestraft zu werden, zur psychiatrischen Untersuchung und Behandlung überwiesen werden. Eine solche Reaktion stünde im Einklang mit dem heutzutage weithin, besonders unter Psychiatern und Kriminologen, vertretenen Standpunkt, wonach Begriffe wie „Freiheit", „Verantwortlichkeit", „verdiente Strafe", „Schuld" und „Verbrechen" nurmehr ein Ballast sind, den Religion und traditionelle Moral den Menschen aufgebürdet haben und von dem diese sich so bald und gründlich wie möglich freimachen sollten, im Interesse der Wissenschaft sowie des sozialen Fortschritts auf der Grundlage wissenschaftlicher Leistungen. Die Anhänger dieser wissenschaftsgläubigen und extrem deterministischen Anschauung sehen im Übertreten eines Gesetzes nicht die Tat eines freien, verantwortlichen Wesens, das durch diese Tat Bestrafung verdient hat, sondern ein Symptom für Störungen in seiner Persönlichkeitsstruktur mit daraus resultierenden Schwierigkeiten in seinem Verhältnis zur sozialen Umwelt. Daher meinen sie, daß die angemessene Reaktion auf das Begehen von Verbrechen nicht Gerichtsverfahren und Strafe sei, sondern die psychiatrische Untersuchung, bei der sich zeigen wird, was für ein pathologischer Mechanismus da abläuft, und eine Therapie, die den Verbrecher möglichst wirkungsvoll heilt und resozialisiert. Auch hier würde das Schicksal des Verbrechers verständlicherweise nicht von seinen Entscheidungen und Handlungen abhängen; er würde zu einem unzurechnungsfähigen kranken Wesen erniedrigt, dessen Persönlichkeitsstruktur und Verhalten durch andere gemäß deren Vorstellungen von dem, was normal und gesund, sozial nützlich und erwünscht ist, beeinflußt und verändert werden kann. An die Stelle von Kriterien wie Gerechtigkeit und verdiente Strafe träten solche wie medizinische Effektivi-

---

[26] Vgl. supra, 23, 65—66.
[27] Siehe z. B. I. Primoratz: *Utilitarianism and Punishment*. In: International Philosophical Quarterly. 22 (1982), 241—254.

tät und optimale Anpassung an die bestehenden sozialen Beziehungen.[28] Kritiker dieser Auffassung können mit Recht darauf hinweisen, was für schwerwiegende Folgen ihre Anwendung unweigerlich auf die Freiheit und rechtliche Sicherheit der Bürger und auf die menschlichen Grundrechte haben würde, und zu bedenken geben, daß mit auf solcher Grundlage errichteten Institutionen und Mechanismen weitreichende Gefahren des Mißbrauchs für Zwecke politischer Unterdrückung und totalitärer Reglementierung des sozialen Lebens untrennbar verknüpft wären.[29]

Die dritte Art möglicher Reaktion auf das Begehen von Verbrechen wäre die Auferlegung von retributiv begründeten und bemessenen Strafen — Strafen, welche die Verbrecher selbst durch ihr freies, verantwortliches Tun verdient haben und die daher gerecht sind.

Auf dem Hintergrund dieser drei Möglichkeiten ist die Annahme wohl nicht zu gewagt, daß die überwältigende Mehrheit der Befragten nicht bereit sein dürfte, ihr Recht auf retributive Bestrafung aufzugeben. Freilich trifft dies wahrscheinlich nicht auf jeden einzelnen Fall zu: es sind durchaus Fälle denkbar, in denen eine auf utilitaristischer Grundlage gefundene und bemessene Strafe oder sogar eine psychiatrische Behandlung gebotener erscheinen mögen als der Vollzug der verdienten Strafe im vollen Ausmaß. Doch wenn die Entscheidung grundsätzlich gefällt werden müßte, d.h. wenn wir zwischen einer Sozialordnung mit einem Strafrechtssystem auf der Grundlage der utilitaristischen Straftheorie, einer Sozialordnung, wo Therapie an die Stelle der Strafe tritt und der Psychiater die Rolle des Richters übernimmt, und einer Sozialordnung mit einem Strafrechtssystem auf retributiver Grundlage zu wählen hätten, dann bin ich doch überzeugt, daß in Anbetracht dieser drei Alternativen und im vollen Bewußtsein ihrer jeweiligen Auswirkungen fast jeder von uns der dritten den Vorzug gäbe. Ich bin überzeugt, daß fast jeder Mensch, vor eine solche Wahl gestellt, auf seinem Recht bestehen würde, im Falle einer Gesetzesübertretung weder als unzurechnungsfähiges, unfreies Wesen behandelt, zu einem bloßen Mittel zur Erreichung von Zwecken anderer herabgewürdigt zu werden, noch zu einem Kranken erklärt zu werden, der sich gegen seinen Willen einer Therapie unterziehen muß zwecks Veränderung seiner Persönlichkeit und seines Verhaltens; daß er vielmehr ganz im Gegenteil auf seinem Recht bestehen würde, als eine Person behandelt zu werden, als ein mündiges, verantwortli-

---

[28] Eine der wirkungsvollsten Formulierungen dieser Auffassung ist das Buch von *K. Menninger: The Crime of Punishment.* New York 1968.

[29] Vgl. z. B. *C. S. Lewis: The Humanitarian Theory of Punishment.* In: *Theories of Punishment.* Ed. by S. E. Grupp. Bloomington 1971. 301—308; *A. Flew: Crime or Disease?* London 1973.

ches, freies Wesen, das an der Bestimmung seines eigenen Schicksals weitgehend beteiligt ist und mit dem man nach Verdienst, gerecht umgehen muß.

Somit ist die These vom Recht des Verbrechers auf Strafe nach meinem Dafürhalten letzten Ende doch haltbar. Außerdem ist sie hochaktuell. Denn unser Zeitalter ist reich an Gerichtsverfahren, in denen die grundlegendsten Prinzipien der Gerechtigkeit schamlos mit Füßen getreten und Menschen zu reinen Werkzeugen herabgewürdigt werden: Man denke nur an Prozesse wie die von DREYFUS, BEYLIS, SHCHARANSKY, die Moskauer Justizmorde in den dreißiger Jahren, die Budapester von 1949, die Prager von 1952. Wie ich an anderer Stelle dargetan habe, können unter gewissen empirischen Voraussetzungen solche Prozesse aus der Sicht der utilitaristischen Straftheorie ohne weiteres gerechtfertigt werden.[30] Unser Zeitalter ist auch eines, in dem der Mißbrauch der Psychiatrie zwecks politischer Unterdrückung in totalitären Regimen so um sich gegriffen und so drastische Formen angenommen hat, daß Psychiater und psychiatrische Einrichtungen zu einem der Hauptwerkzeuge zur Unterdrückung und Ausrottung sämtlicher Versuche nichtkonformen Denkens zu werden drohen.[31] Aus diesen Gründen darf man sicher sein, daß die retributive Straftheorie und insbesondere Hegels Formulierung und Darlegung derselben gerade um der These vom Recht des Verbrechers auf Strafe willen für jeglichen Versuch, eine philosophische Grundlegung der Strafe zu finden, die den sittlichen, rechtlichen und politischen Anliegen unserer Zeit Rechnung trägt, bedeutend und anregend, ja geradezu unentbehrlich ist.

---

[30] I. Primoratz: *Utilitarianism and Punishment of the Innocent.* In: Rivista Internazionale di Filosofia del Diritto. 57 (1980), 582—625. 592—595.
[31] Vgl. z. B. Zh. A. Medvedev and R. A. Medvedev: *A Question of Madness.* Trans. by E. de Kadt. New York 1971; M. Lader: *Psychiatry on Trial.* Harmondsworth 1977; S. Bloch and P. Reddaway: *Russia's Political Hospitals.* London 1977.

LITERATURVERZEICHNIS

R. A. Baermann: Sittlichkeit und Verbrechen bei Hegel. Frankfurt a. M. 1980

R. E. Barnett: Restitution: A New Paradigm of Criminal Justice. In: Ethics. 87 (1976/7), 279—301.

C. Beccaria: Über Verbrechen und Strafen. Übers. v. J. Glaser. Wien 1876.

S. I. Benn: An Approach to the Problems of Punishment. In: Philosophy. 33 (1958), 321—341.

F. Berolzheimer: Die Entgeltung im Strafrechte. München 1903.

B. Blanshard: Retribution Revisited. In: Philosophical Perspectives on Punishment. Ed. by E. H. Madden et al. Springfield 1968. 59—81.

B. Bonsanquet: The Philosophical Theory of the State. London 1965.

—: Some Suggestions in Ethics. London 1918.

F. H. Bradley: The Vulgar Notion of Responsibility in Connexion with the Theories of Free-Will and Necessity. In: ders.:Ethical Studies. London 1962.

D. E. Cooper: Hegel's Theory of Punishment. In: Hegel's Political Philosophy. Ed. by Z. A. Pelczynski. Cambridge 1971. 151—167.

S. W. Dyde: Hegel's Conception of Crime and Punishment. In: The Philosophical Review. 7 (1898), 62—71.

A. C. Ewing: The Morality of Punishment. London 1929.

O. K. Flechtheim: Hegel and the Problem of Punishment. In: Journal of the History of Ideas. 8 (1947), 293—308.

—: Die Funktion der Strafe in der Rechtstheorie Hegels. In: ders.: Von Hegel zu Kelsen. Berlin 1963.

—: Zur Kritik der Hegelschen Strafrechtsphilosophie. In: Archiv für Rechts- und Sozialphilosophie. 54 (1968), 539—547.

—: Hegels Strafrechtstheorie. 2. Auflage. Berlin 1975.

M. B. Foster: The Political Philosophies of Plato and Hegel. Oxford 1968.

F. Hartz: Wesen und Zweckbeziehung der Strafe. Münster i. Westf. 1914.

C. W. Harvey: Hegel's Theory of Punishment Reconsidered. In: Dialogos. 19 (1984), 71—80.

G. W. F. Hegel: Der Geist des Christentums und sein Schicksal. In: Hegels theologische Jugendschriften. Hrsg. v. H. Nohl. Tübingen 1907.

—: System der Sittlichkeit. In: Schriften zur Politik und Rechtsphilosophie. Hrsg. v. G. Lasson. Leipzig 1913.

—: Über die wissenschaftlichen Behandlungsarten des Naturrechts. Ib.

—: Die Verfassung Deutschlands. Ib.

—: Jenaer Realphilosophie. Hrsg. v. J. Hoffmeister. Hamburg 1967.

—: Philosophische Propädeutik. In: Sämtliche Werke. 4. Aufl. d. Jubiläumsausgabe. Hrsg. v. H. Glockner. Bd. 3.

—: Enzyklopädie der philosophischen Wissenschaften im Grundrisse. Hrsg. v. F. Nicolin und O. Pöggeler. Hamburg 1959.

—: Vorlesungen über Naturrecht und Staatswissenschaft. Hrsg. v. C. Becker et al. Einl. v. O. Pöggeler. Hamburg 1983.

—: *Philosophie des Rechts.* Die Vorlesung von 1819/20 in einer Nachschrift. Hrsg. v. D. Henrich. Frankfurt a. M. 1983.

—: *Grundlinien der Philosophie des Rechts.* Hrsg. v. G. Lasson. Leipzig 1911.

—: *Vorlesungen über Rechtsphilosophie 1818—1831.* Hrsg. v. K.-H. Ilting. 4 Bde. Stuttgart 1973—1974.

J. Hoffmeister (Hrsg.): *Dokumente zu Hegels Entwicklung.* Stuttgart 1974.

T. Honderich: *Punishment.* Rev. ed. Harmondsworth 1976.

T. Kasachkoff: *Hegel's Retributivist Position on Punishment.* In: Philosophical Studies. 25 (1977), 192—211.

I. Kant: *Metaphysik der Sitten.* Hrsg. v. K. Vorländer. Leipzig 1907.

U. Klug: *Abschied von Kant und Hegel.* In: *Programm für ein neues Strafgesetzbuch.* Hrsg. v. J. Baumann. Frankfurt a. M. 1968. 36—41.

—: *Phänomenologische Aspekte der Strafrechtsphilosophie von Kant und Hegel.* In: *Phänomenologie, Rechtsphilosophie, Jurisprudenz.* Hrsg. v. T. Würtenberger. Frankfurt a. M. 1969. 212—233.

K. Larenz: *Hegels Zurechnungslehre und der Begriff der objektiven Zurechnung.* Leipzig 1927.

R. Marcic: *Hegel und das Recht.* In: *Hegel und die Folgen.* Hrsg. v. G.-K. Kaltenbrunner. Freiburg i. Br. 1970. 181—212.

K. Marx: *Die Todesstrafe.* In: *K. Marx und F. Engels: Werke.* Bd 8. Berlin 1960.

H. Mayer: *Kant, Hegel und das Strafrecht.* In: *Festschrift für Karl Engisch zum 70. Geburtstag.* Hrsg. v. P. Bockelmann et. al. Frankfurt a. M. 1969. 54—79.

J. McTaggart: *Punishment.* In: ders.: *Studies in Hegelian Cosmology.* Cambridge 1901.

W. A. Miller: *Mr Quinton on „An Odd Sort of Right".* In: Philosophy. 41 (1966), 258—260.

M. H. Mitias: *Another Look at Hegel's Concept of Punishment.* In: Hegel-Studien. 13 (1978), 175—185.

—: *Is Retributivism Inconsistent Without Lex Talionis?* In: Rivista Internazionale di Filosofia del Diritto. 60 (1983), 211—230.

W. H. Moberly: *Some Ambiguities in the Retributive Theory of Punishment.* In: Proceedings of the Aristotelian Society. 25 (1924/5), 289—304.

—: *The Ethics of Punishment.* London 1968.

H. Morris: *Persons and Punishment.* In: The Monist. 52 (1968), 475—501.

G. R. G. Mure: *The Philosophy of Hegel.* London 1965.

P. P. Nicholson: *Hegel on Crime.* In: History of Political Thought. 3 (1982), 103—121.

H. Oppenheimer: *The Rationale of Punishment.* London 1913.

R. Pilon: *Criminal Remedies: Restitution, Punishment, or Both?* In: Ethics. 88 (1977/8), 348—357.

E. L. Pincoffs: *The Rationale of Legal Punishment.* New York 1966.

A. A. Piontkowski: *Hegels Lehre über Staat und Recht und seine Strafrechtstheorie.* Übers. v. A. Neuland. Berlin 1960.

J. Popper-Lynkeus: *Philosophie des Strafrechts.* Wien 1924.

I. Primoratz: *Punishment as the Criminal's Right.* In: Hegel-Studien. 15 (1980), 187—198.

—: *On Some Arguments against the Retributive Theory of Punishment.* In: Rivista Internazionale die Filosofia del Diritto. 56 (1979), 43—60.

—: *On Retributivism and the Lex Talionis.* Ib. 61 (1984), 83—94.

A. M. Quinton: On Punishment. In: The Philosophy of Punishment. Ed. by H. B. Acton. London 1969. 55—64.

H. A. Reyburn: The Ethical Theory of Hegel. Oxford 1967.

J. J. Rousseau: Der Gesellschaftsvertrag. Übers. v. H. Denhardt. Leipzig s. a.

W. Schild: Die Aktualität des Hegelschen Strafbegriffs. In: *Philosophische Elemente der Tradition des politischen Denkens.* Hrsg v. E. Heintel. Wien 1979. 199—233.

—: *Der Strafrechtsdogmatische Begriff der Zurechnung in der Rechtsphilosophie Hegels.* In: Zeitschrift für philosophische Forschung. 35 (1981), 445—476.

R. Schmidt: Die "Rückkehr zu Hegel" und die strafrechtliche Verbrechenslehre. In: Der Gerichtssaal. 81 (1913).

F. M. Stawell: Hegel's Theory of Punishment. In: International Journal of Ethics. 7 (1896/7), 95—96.

P. G. Stillman: Hegel's Idea of Punishment. In: Journal of the History of Philosophy. 14 (1976), 169—182.

E. Sulz: Hegels philosophische Begründung des Strafrechts und deren Ausbau in der Deutschen Strafrechtswissenschaft. Berlin 1910.

W. H. Walsh: Hegelian Ethics. London 1969.

W. B. Wines: On Hegel's Idea of the Nature and Sanction of Law. In: The Journal of Speculative Philosophy. 18 (1884), 9—20.

PERSONENREGISTER

Austin, J. L.: 77 Anm 15

Banquo: 16
Barnett, R. E.: 78—80
Beccaria, C.: 49—50, 58—61
Benn, S. I.: 72, 74, 89
Beylis, M.: 93
Blackstone, W.: 55
Blanshard, B.: 86
Bosanquet, B.: 56, 73—74, 80, 89
Bradley, F. H.: 56

Cassirer, E.: 23
Cooper, D. E.: 28, 77 Anm 15

Dreyfus, A.: 93
Dyde, S. W.: 28

Ewing, A. C.: 72—74, 80

Feuerbach, A.: 49, 63—64, 66
Fichte, J. G.: 21
Flechtheim, O. K.: 12—13, 26 Anm 30,
    39, 51

Henrich, D.: 28
Herostrat: 25
Honderich, T.: 83, 85

Ilting, K.-H.: 28

Jesus: 37, 53 Anm 82

Kant, I.: 11—12, 17, 21, 24, 31, 39, 41, 46
    Anm 64, 62, 81, 83, 89
Klein, E. F.: 63—64
Klug, U.: 12

Locke, J.: 24
Luther, M.: 17

Mabbott, J. D.: 13
Macbeth: 16
Machiavelli, N.: 23
Marcic, R.: 53 Anm 82
Marx, K.: 67
McTaggart, J.: 85—88
Menninger, K.: 92 Anm 28
Mitias, M. H.: 28
Moberly, W.: 37, 71
Mure, G. R. G.: 86

Nohl, H.: 15

Oppenheimer, H.: 34
Orestes: 38
Orwell, G.: 13

Paulus: 17
Pilon, R.: 79
Platon: 11, 37, 40, 60

Quinton, A. M.: 72, 74, 83, 85

Rosenkranz, K.: 19
Rousseau, J.-J.: 24, 30, 39, 41, 49, 60

Schelling, F. W. J.: 20—22
Shcharansky, A.: 93
Sokrates: 37
Solon: 56
Stillman, P. G.: 28, 84—85

Thomas von Aquin: 53 Anm 82

Walsh, W. H.: 49
Wines, W. B.: 86

SACHREGISTER

Hegel bei Meiner

Die historisch-kritische Akademie-Ausgabe **Georg Wilhelm Friedrich Hegel. Gesammelte Werke (GW)** ist grundsätzlich chronologisch angelegt und wird alles umfassen, was von Hegel überliefert ist: die publizierten Schriften in den verschiedenen Fassungen, Manuskripte, Fragmente, Exzerpte, Vorlesungsnachschriften, Briefe und den amtlichen Schriftwechsel.

Als *erste Abteilung* sind in 22 Bänden alle gedruckten Schriften sowie überlieferte Manuskripte und Entwürfe von Hegels Hand veröffentlicht.

Die *zweite Abteilung* umfaßt die Vorlesungen Hegels auf der Grundlage der überlieferten Nachschriften. Sie ist ein unverzichtbarer Bestandteil der GW, da Hegel wesentliche Systemteile seiner Philosophie (etwa die Ästhetik, die Naturphilosophie, die Religionsphilosophie) nicht in ausgearbeiteter Form publiziert, sondern nur mündlich vorgetragen hat.
meiner.de/hegel-gw

Die als **G.W.F. Hegel. Vorlesungen. Ausgewählte Nachschriften und Manuskripte** gesondert vorgelegten Ausgaben einzelner, besonders aufschlussreicher Vorlesungsnachschriften beschränken sich auf die Präsentation ausgewählter Texte und gingen der Edition der Vorlesungen in den Gesammelten Werken (GW) voraus. Das Ziel dieser Ausgabe lag darin, kritisch gesicherte und edierte Texte zu einzelnen Entwicklungsstadien der Hegelschen Vorlesungen für die Forschung verfügbar zu machen. Die Bände der Reihe bieten die Texte in modernisierter Orthographie und Interpunktion. Einleitungen erläutern die Textgeschichte sowie die editorischen Prinzipien. meiner.de/hegel-vorlesungen

Die **Hegel-Studien** publizieren fortlaufend philosophisch-systematische wie kritisch-philologische Arbeiten zu Hegel und informieren über die international anwachsende Literatur in Rezensionen und bibliographischen Beiträgen.
Als **Hegel-Studien Beihefte** werden vor allem Monographien zu Fragen der Hegel-Forschung und Tagungsbände veröffentlicht. meiner.de/hegel-studien

Die **Philosophische Bibliothek** bietet Hegels wichtigste Werke als Studienausgaben, so u.a. die *Grundlinien der Philosophie des Rechts*, die *Phänomenologie des Geistes*, den *Dialogischen Kommentar zur Phänomenologie des Geistes* von Pirmin Stekeler, die *Vorlesungen über die Philosophie der Kunst*, die *Wissenschaft der Logik* und viele andere mehr. meiner.de/phb

meiner.de